AF390240

LE RÉGIME DE LA TERRE EN SYRIE

Etudes historiques, juridiques et économiques

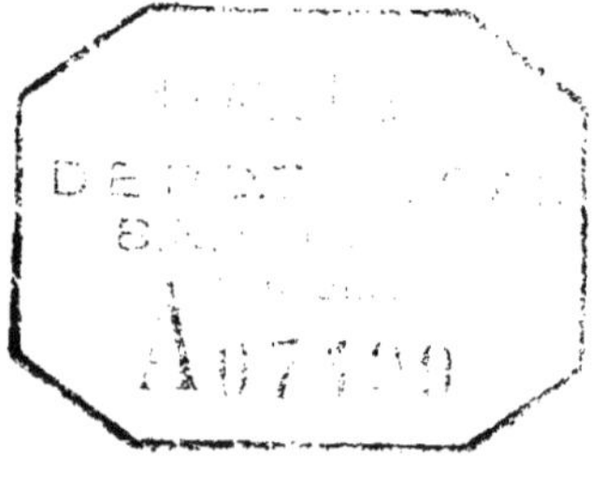

Le RÉGIME de la TERRE en SYRIE

Etudes historiques, juridiques et économiques

PAR

Nassib MOUNAYER

Docteur en Droit
Avocat au barreau de Damas

> Ce n'est pas en effet un facile problème
> à l'origine des sociétés de savoir si l'indi-
> vidu peut s'approprier le sol et établir un
> si fort lien entre son être et une part de
> terre qu'il puisse dire : cette terre est
> mienne, cette terre est comme une partie
> de moi.
>
> *La Cité Antique,*
> FUSTEL DE COULANGES.

PARIS

LIBRAIRIE GÉNÉRALE DE DROIT ET DE JURISPRUDENCE

Ancienne Librairie Chevalier-Marescq et C¹ et ancienne Librairie F. Pichon réunies
R. PICHON ET R. DURAND-AUZIAS, ADMINISTRATEURS
Librairie du Conseil d'Etat et de la Société de Législation comparée
20, RUE SOUFFLOT (5ᵉ ARR¹)

—

1929

A mon Père, a ma Mère
A ma Tante

>En reconnaissance de tous les
sacrifices qu'ils se sont imposés
pour moi.
>Gratitude et affection filiales.

A ma Fiancée, Mademoiselle Linda KINGE

>En témoignage de vive sympa-
thie.

A ma Sœur et a mes Frères

>En gage de ma profonde affec-
tion.

A mon Président de Thèse

Monsieur le Professeur R. GONNARD

A Messieurs les Professeurs ROUBIER et PERROUX
Membres du Jury

Hommage et remerciement.

A Maître Saïd bey GHAZZI
Député de Damas, Avocat

En témoignage de ma profonde amitié.

A mon Ami, Monsieur Antoine HOMSI

En souvenir de notre voyage de France.

A la Jeunesse Intellectuelle Syrienne

Sincère en son patriotisme, confiante dans l'avenir du pays.
En témoignage d'admiration.

A toutes les Personnes de bonne intention
et de bonne volonté, Françaises et Syriennes,
qui travaillent pour la cause et le bien de la Syrie

En reconnaissance.

Aux Héros Syriens
morts pour la libération de la Patrie
(*In memoriam*)

LE RÉGIME DE LA TERRE EN SYRIE
Etudes historiques, juridiques et économiques

Introduction

Lorsqu'un voyageur parcourt les différentes régions de la Syrie il éprouve des impressions variables selon la diversité des paysages et des horizons. C'est un pays étroit, long de huit cents kilomètres et large de deux cents, serré entre deux mers : la Méditerranée et le sable du désert.

La nature l'a protégé de frontières fortes pour en faire la patrie d'une nation homogène et puissante : Au nord, les derniers contreforts du Taurus, au Sud et au Sud-Est l'Arabie, à l'Est l'Euphrate, à l'Ouest la Méditerranée. Mais les ambitions des conquérants, les luttes intestines civiles et religieuses, les intérêts des empires orientaux, dans l'Antiquité, et des Puissances européennes de l'époque moderne, enfin les jeux de la politique sur le théâtre de la Société des Nations ont modifié les limites naturelles de cette contrée; et exploitant les passions religieuses et les intérêts des castes, ils l'ont partagée en une série de petits états ombrageux et jaloux de leur séparatisme comme pour y perpétuer la haine et la mésintelligence.

Cependant et nonobstant cette division ruineuse, les régions ainsi séparées demeurent dans un état d'étroite interdépendance économique. Au point de vue législatif, le régime de la propriété rurale a conservé le même statut sur tous les points du territoire sauf quelques différences justifiées par des considérations historiques ou introduites récemment par les Gouvernements de la Palestine, du Liban et de la Syrie.

La côte méditerranéenne s'étale tantôt en plage de cailloux, tantôt en plaines étroites et fertiles où l'olivier, l'oranger, le mûrier, le bananier s'avancent jusqu'aux bords de la vague dans le blé ou dans l'orge. On n'y voit plus les cités florissantes de jadis. Beyrouth, Caiffa, Tripoli, Alexandrette demeurent le centre d'une certaine activité commerciale; mais Sidon, Tyr, Byblos, Arouad, Lattaquié, qui étaient les métropoles du commerce dans l'Antiquité, semblent être écrasées sous le poids de leur gloire phénicienne. Elles se contentent de petits trafics avec les villages voisins et s'abandonnent à une molle vie paresseuse que la mer ne trouble plus de ses tentations.

Les montagnes qui côtoient le littoral du Nord au Sud: le Djebel Loukam, les monts Noussariés, le Liban, déboisées sur certains flancs, couronnées de neiges éternelles sur quelques sommets, sont généralement couvertes de forêts de sapins et de chênes. Les pentes douces qui glissent avec nonchalence vers la mer, les vallées larges d'où jaillissent des sources nombreuses et abondantes, sont plantées d'olivier, de mûrier, de vigne et de figuier.

Le Liban est la partie la plus vivante et la plus prospère de ces montagnes. Il est habité par une population dense, laborieuse, intelligente et instruite. Partout, sur les collines vertes comme au fond des vallées, s'élèvent les toits rouges des villages. Les villas élégantes construites par les émigrés revenus d'Amérique et par les riches citadins de Beyrouth et de Tripoli, les filatures de soie, les couvents innombrables et les chapelles aux clochers élancés s'étagent avec une harmonie indéfinissable parmi les vignes et les forêts de sapins et l'on voit le panorama le plus romanesque du monde s'élever en amphithéâtre sous un ciel

*d'azur entre les cimes couvertes de neige et la mer étin-
clante.*

*Mais lorsque le voyageur enivré par les charmes du
Liban les voit disparaître brusquement aves ses flancs
abruptes, qui tombent comme un mur sur la Békaa, tra-
verse les montagne déboisées de l'Anti-Liban et se dirige
au Sud vers les plaines brûlantes du Houran, à l'Est vers
les plateaux arides de Palmyre et au Nord vers les plaines
nues des Homs, de Hama et d'Alep, il ne rencontre plus
que solitude et désolation. L'aridité devient de plus en
complète à mesure que l'on s'avance dans les sables du
désert qui envahissent la Syrie du Sud et de l'Est.*

*La plaine de Damas appelée la Ghoutta n'est qu'une
oasis que le désert étreint. On peut dire que c'est un don
de Barada comme Hérodote disait de l'Egypte, qu'elle est
un don du Nil. Le sable en ensevelit les arbres et les
villages au fur et à mesure que les canaux savamment
aménagés par les ingénieurs romains et arabes et par lesquels se répartit l'eau de la rivière se détruisent sous l'action du temps parce qu'ils sont restés sans entretien et que
personne ne songe de les réparer.*

*Certaines rivières Kouek, l'Oronte, le Litani, Barada,
Aouaj, le Jourdain, dont les eaux diminuent à mesure que
le pays se dénude et les forêts se détruisent, ne forment
plus que des sillons verts au milieu de la sécheresse générale. L'Euphrate roule ses flots et alluvions à l'Océan
Indien inutilement. Jadis, comme les artères distribuent
le sang au corps humain, les barrages, les aqueducs et les
canaux construits par les Persans, les Grecs et surtout les
Romains répandaient l'eau et la vie dans ces espaces arides pour en faire le pays des richesses inépuisables. Mais
ces ouvrages ont été détruits par les tremblements de terre,
par les invasions et les guerres et n'ont pas été réparés
car, depuis lors, le pays a toujours souffert et de la carence des gouvernements et de l'abandon de la part d'une*

population vaincue et toujours pillée, sans soutien et sans espoir.

Dans la campagne, les villages sont isolés et distants mais les ruines sont partout. On n'y voit pas les fermes et les villas éparpillées sur tous les champs comme dans le Liban ou dans tout autre pays où règnent la justice, la liberté et la sécurité. Les paysans, pour se défendre contre les agressions des bédouins, des pillards et même des gendarmes ont déserté leurs fermes, abandonné les terres lointaines et se sont groupés en grosses agglomérations capables d'opposer plus de résistance aux ambitions et aux agressions.

Sauf dans la plaine de Damas, la Ghoutta, où le paysan jouit d'une certaine indépendance et d'une situation relativement aisée parce que la terre très fertile comble de ses richesses et les besoins du cultivateur et les ambitions démesurées du propriétaire, la population rurale est généralement asservie, ignorante et routinière, pauvre et exploitée.

Elle est asservie! La majeure partie des terres, surtout dans les régions de Homs, Hama et Alep appartient à un groupe restreint de familles féodales ou elle est constituée en wakoufs au profit des fondations pieuses des villes. Les propriétaires notables, fiers de leur ascendance et de leur prétendue autorité aujourd'hui fictive, les métouallis des wakoufs usant de leur ascendant sur la population rurale se sont toujours interposés en médiateurs entre les pouvoirs publics et les paysans de leurs domaines ; et usant de la ruse, de l'intervention et de tous moyens de sollicitation et de corruption, ils ont souvent réussi à faire échec à l'initiative gouvernementale et à usurper une autorité et une tutelle sur le pauvre campagnard ébloui par la puissance et la malice de son maître. Mais cette tutelle n'est pas gratuite. Le propriétaire et le métoualli exerçaient à leur tour un pouvoir despotique et désordonné sur leurs protégés au nom et à l'ombre du

Gouvernement. L'intendant du seigneur était particulièrement le tyran de la campagne. Il maltraitait le pauvre paysan; il le frappait; il le mettait en prison dans l'écurie et il lui enlevait souvent ses récoltes. En un mot, le pouvoir du propriétaire citadin fait d'usurpation, d'injustice et de spoliation, s'ajoutait aux agressions des bédouins et des bandits pour causer la ruine et la désolation de la campagnie syrienne.

Elle est ignorante! Les propriétaires, pour perpétuer leur tutelle usurpée, ont combattu l'action d'ailleurs faible du Gouvernement dans le domaine de l'instruction publique; ils se sont opposés à l'application dans leurs domaines de la loi établissant l'enseignement primaire, gratuit et obligatoire parce que l'instruction libère et l'ignorance asservit.

Elle est routinière! Elle ne peut être autrement plongée dans l'ignorance qu'elle est. Les procédés et les instruments de la culture, de la semaille, du moissonnage et du battage demeurent ce qu'ils ont été à l'époque où la main de l'homme a, pour la première fois, creusé des sillons et cultivé la terre. La routine ne disparait qu'à la suite de l'ignorance qui en est la cause.

Enfin, elle est pauvre parce qu'elle est exploitée. La dîme, le virgo et tant d'autres impôts dont le taux est élevé et la répartition injuste, grèvent lourdement un sol ingrat. Le propriétaire foncier n'est pas plus compatissant que l'Etat au sort du malheureux cultivateur, et usant du métayage, contrat le plus usité en Syrie pour régler les rapports du propriétaire et du cultivateur, il prélève une part variant entre la moitié et le huitième sur le produit brut de la récolte. Dans les villages situés à la lisière du désert, le chef de la tribu bédouine impose aux habitants à titre de « Khoué » la livraison d'une quantité déterminée de céréales et d'une somme convenue d'argent. Le Khoué qu'on peut traduire fraternité est un pacte d'amitié et d'alliance conclu entre le chef de la tribu et

le cheik du village en vertu duquel, moyennant une redevance annuelle fournie par la seconde partie, la première
partie s'engage à respecter ls habitants, les biens et le territoire du village et à les défendre contre les agressions
des autres tribus. Mais le pire fléau de la campagne, la
sangsue qui épuise les forces vitales de la classe paysanne
est l'usurier. Que de Shylocks en Syrie! Le prêteur de la
ville stipule ordinairement que l'argent avancé à l'époque
de la semaille soit payé à la récolte, c'est-à-dire après six
mois, en céréales; et spéculant sur le prix et le pesage des
céréales qui lui sont livrées, le taux de l'intérêt n'est jamais inférieur à cent pour cent.

C'est ainsi que l'État, le propriétaire foncier, le bédouin
et l'usurier exploitent la classe paysanne et la réduisent
à la misère.

Jetons le regard un instant sur les villages. Dans les
régions d'Alep et de Hama, on voit des groupes de caba-
nes ayant la forme conique, comme des ruches d'abeilles,
isolés dans les vastes steppes nues. Ils sont voilés par les
arbres et les peupliers parmi les jardins humides de la
Ghoutta, perchés comme des nids d'aigles sur les flancs
de l'Hermon et de l'Anti-Liban et perdus dans la lave vol-
canique des plaines brûlantes du Hauran. Tantôt la terre
séchée au soleil, tantôt la pierre brute sont utilisées suivant les régions pour la construction de ces chaumières
dans lesquelles se côtoient souvent les hommes et les
animaux. Ce logement répugne aux tribus récemment
sédentarisées, dont les tentes se dressent en groupes distants sur les limites du désert. L'alimentation est composée d'orge, de maïs et de légumes; la viande et le laitage
ne sont goûtés qu'à l'occasion des fêtes ou du passage
d'un visiteur de qualité. Enfin l'habillement est formé
normalement d'étoffes de coton ou de laine teintes de
bleu foncé. Il est souvent sale et usé, malgré les couleurs
éblouissantes que lui attribuent les poètes de l'Europe
qui, se servant de l'imagination plus que des yeux, voient

tout dans nos pays d'Orient sous des couleurs éclatantes d'or et de pourpre. En résumé, tous les aspects de la vie du paysan révèlent une profonde misère héréditaire et séculaire.

L'auteur a contemplé tous les horizons de la Syrie. Il a connu et aimé la classe paysanne, étudié sa mentalité et ses mœurs et examiné les maux dont elle se plaint, les souhaits qu'elle caresse et les rêves qu'elle désire. C'est un corps bien bâti, contenant des réserves inépuisables d'énergie; mais un corps que des maladies chroniques, des crises périodiques ont défiguré à travers les siècles.

Cependant, ces plaines en friches étaient d'une fertilité proverbiale. Les forêts de sapins et de chênes, la vigne, le figuier, l'olivier et le mûrier couvraient les montagnes à présent nues et arides. Vingt millions d'êtres humains répandaient la vie et la richesse dans ces immensités désertes. Des cités luxueuses, des villages prospères, des fermes sur tous les champs se dressaient sur les bords de l'Oronte, du Jourdain et de l'Euphrate comme sur les côtes phéniciennes. Les plaines du Hauran, de Palmyre et de Homs débordaient de vie et de richesse autant que la Ghoutta de Damas et la Békaa.

Alep, Antioche, Homs et Hama au Nord du pays, Gargamiche et Seugma sur les bords de l'Euphrate, Palmyre dans le désert, Pétra et Bôsra à Hauran, la fière Damas dans son oasis, Baalbek à l'ombre de ses temples rivalisaient de beauté, de luxe et de magnificence avec Athènes, Rome et Constantinople.

On vivait sous le règne du glaive d'or de la pax romana.

Pourquoi la face des choses a-t-elle changé ?

Comment s'est acccomplie la destruction lente et générale de la Syrie à travers les âges ?

Il n'est pas facile de répondre à ces questions dont l'étude complète et détaillée dépasse le cadre de notre ou-

vrage. Les causes et les phénomènes de la ruine sont variés et relèvent de la géographie, de l'histoire, du droit et de l'économie politique. Cependant, il est indispensable d'en faire un exposé sommaire.

La Syrie, carrefour des chemins qui communiquent entre l'Asie, l'Afrique et l'Europe a été un éternel champ de bataille où se sont confrontées les civilisations antiques et modernes. Tous les grands conquérants luttant pour la domination du monde y ont passé pour cueillir des lauriers, détruire les cités ennemies et fonder des capitales. Les anciens considéraient la possession de la Syrie comme un titre de supériorité stratégique et économique et un prélude de la domination du monde. Aussi, dès l'aube de l'histoire, les Chaldéens, les Egyptiens et les Persans se disputaient et s'arrachaient tour à tour le sol de cette contrée. Avec le butin de guerre et les dépouilles des cités vaincues, les caravanes des vainqueurs transportaient les dépouilles des forêts du Liban, de l'Hermon et du Taurus, le cèdre, le sapin et le chêne nécessaires pour la construction des temples et des flottes de guerre.

La guerre a continué pendant des siècles entre les Grecs, les Perses et les Romains qui tous luttaient pour l'extension de leur empire et la diffusion de leur civilisation.

Puis ce fut le tour des Arabes et des guerres incessantes qui ont suivi la conquête musulmane, les guerres religieuses contre les infidèles, les guerres civiles et fratricides entre les princes musulmans, surtout celles inspirées par la haine des Abbassides pour les Syriens restés fidèles au souvenir des Omiades ont répandu partout la ruine et la dévastation.

Les luttes occasionnées par les croisades pendant deux siècles, les invasions passagères des Tartares conduites par Genkis Khan, Holako et Tamerlan n'ont pas été moins destructives et exterminatrices.

Enfin, les Turcs, et jamais herbe ne pousse où le cheval du Turc a foulé le sol, pendant quatre siècles de do-

mination durant lesquels les guerres civiles n'ont jamais cessé entre les provinces et les pachas de l'Empire et les insurrections nationales ont été étouffées dans le feu et le sang, ont pratiqué une politique de bandits inspirée de haine et faite de spoliation, épuisé les forces vitales de la nation et achevé la ruine du pays.

La guerre mondiale et l'insurrection nationale de 1925 n'ont pas été moins onéreuses pour l'agriculture. Les Turcs, à défaut de houille, ont dénudé les montagnes et coupé les forêts pour fournir du combustible aux locomotives; ils ont livré la population à la famine en réquisitionnant la moitié des récoltes et des bestiaux. Des milliers d'êtres humains ont péri et les champs sont restés en friche.

Une nation dont les destinées sont confiées à un gouvernement énergique, juste et clairvoyant, peut toujours réparer dans la paix les ruines que la guerre a entassées. Mais la Syrie n'a jamais connu un gouvernement central et stable exerçant son autorité sur tout le pays et poursuivant la réalisation d'une politique économique déterminée depuis les dernières années de la domination romaine et sauf quelques exceptions sous l'empire des Omiades. La campagne surtout a été soumise pendant douze siècles à un régime féodal horrible. Des seigneurs étrangers, des officiers de fortune : Kurdes, Turcs, Perses, Tcherques et Albanais, des janissaires commis par les Turcs pour surveiller le pays ont continuellement pratiqué la guerre entre eux et exercé à l'égard de la population asservie une politique d'exclusion et de spoliation. Ils n'ont jamais entrepris une œuvre de réparation économique.

La Syrie est la voisine des steppes désertiques de l'Arabie. Son territoire arable est conquis sur le sable du désert par un travail d'irrigation patient et ingénieux qui compense la rareté des pluies. Les ingénieurs chaldéens, persans, grecs et romains, tous habiles dans la science de l'irrigation, y ont édifié et entretenu un réseau per-

*fectionné de canalisation. Mais la nature a été plus im-
placable que les hommes pour ce malheureux pays. Les
ouvrages d'art: barrages, aqueducs, canaux échappés aux
dévastations des armées ont été renversés par les cata-
clysmes et les tremblements de terre. Les plaines se des-
séchaient sans l'eau; les habitants fuyaient la soif et le
désert triomphait.*

*Le désert! C'est le principe de mort d'où sortent les
trois germes de destruction de la campagne : la sécheresse, la sauterelle et le bédouin. C'est l'ennemi redoutable
contre lequel le paysan syrien doit lutter constamment
sous peine de voir ses champs brûlés, ses récoltes dévo-
rées, sa maison et son cheptel pillés. Les Romains ont pu
remédier à ces maux par une politique de restauration et
une administration sage et vigilante dont seuls ils con-
naissaient le secret. Ils ont donné l'eau vivifiante à la
terre dans des canaux savamment construits. Leurs lé-
gionnaires protégeaient les villages contre les agressions
des bédouins. C'est alors que la Syrie a connu la période
la plus brillante et la plus prospère de son histoire.*

*Mais, précisément, ce qui a manqué à la Syrie depuis
douze siècles, c'est cet art supérieur de l'administration.
On y a rarement vu au pouvoir un homme doué de l'ins-
tinct du bien public, ayant une vision nette et à longue
portée des intérêts futurs du peuple, poursuivre la réalisation d'un programme de réformes dans le domaine de
la vie économique nationale, protéger la classe produc-
trice et pourvoir à ses divers besoins, établir un régime
douanier basé sur des considérations rationnelles et entreprendre des travaux d'utilité publique que l'initiative
privée ne peut accomplir. Certains princes ont été justes
et puissants. Ils ont fait de grandes conquêtes pour servir
un idéal religieux, pour arrondir leurs domaines ou pour
satisfaire des désirs de vengeance personnelle et leur hu-
meur belliqueuse. D'autres ont prescrit l'application de
la loi coranique en toute sa pureté originelle et pratiqué*

la justice dans leurs Etats. Mais l'action de ces princes était restreinte à leur entourage immédiat soumis à leur gouvernement direct et n'avait aucune répercussion sur la situation des justiciables des provinces voisines, ni sur l'état des paysans dans les localités éloignées de la campagne, dont les gouverneurs et les seigneurs étaient souvent des officiers d'aventure sans feu ni lieu; se comportaient en maîtres absolus et administraient leurs domaines au gré de leurs passions, sans foi ni loi.

L'histoire des pays d'Europe nous montre toujours à la suite des guerres et des bouleversements sociaux des hommes de cœur et de génie poursuivre une politique de restauration économique et sociale. Sully, sous Henri IV, Colbert sous Louis XIV, reconstruisaient dans la paix les ruines accumulées par les guerres de leurs souverains et réparaient les forces vitales de la France. Tandis qu'en Syrie, un prince, pour se faire aimer du peuple ou obtenir la rémission de ses fautes de Dieu, fondait des mosquées qu'il dotait richement; il constituait des villages nombreux en wakoufs à leur profit; il asservait des centaines de paysans aux métoualis de ces fondations et soumettait des terres nouvelles au régime de mainmorte. Il ne voyait pas autre chose pour faire du bien et soulager les malheurs de la nation.

On peut dire sans risquer d'être injuste que toute notion d'Economie politique était exclue de l'esprit des princes qui ont gouverné les destinées de la nation syrienne pendant cette période longue et pénible de son histoire.

La population rurale asservie, maltraitée, exploitée sans foi ni loi, pillée par les bédouins, écrasée par les invasions et les guerres civiles, méprisée et persécutée par ses justiciers, voyant partout des agresseurs hostiles et nulle part des soutiens, a abouti à la fin du dix-neuvième siècle à un état d'anémie mentale et morale. Elle a été at-

teinte d'une sorte d'inconscience de ses destinées, droits, devoirs et intérêts.

Cette destruction générale de la terre et de l'homme qui la travaille explique l'impression de désolation que l'on ressent en parcourant la campagne syrienne et que l'on observe sur les montagnes nues, sur les plaines désertes, sur les ruines disséminées partout et enfin sur le front et dans les yeux du pauvre paysan.

Que faire pour revivifier la terre, rendre au paysan ses droits et sa vigueur et faire renaître dans le pays une civilisation digne de son passé?

L'auteur a médité cette question longuement et avec anxiété. Vivant au milieu de la jeunesse intellectuelle de la capitale, animé par le désir d'être utile et de collaborer au travail de relèvement de la patrie dans les limites de ses modestes moyens, il croit qu'il est indispensable d'asseoir l'avenir du pays et le progrès entrepris sur une base matérielle solide. L'amour des sciences et des arts dénote un progrès intellectuel et moral et une vie élégante et facile qui n'apparaît dans l'histoire des peuples que lorsqu'ils arrivent à une phase de prospérité matérielle. A présent plus qu'à toute autre période de l'histoire sociale, toute civilisation ne peut avoir qu'une existence éphémère si elle n'est pas fondée sur des assises économiques édifiées en conformité du génie de la nation et des conditions naturelles et géographiques où elle se développe. Or, l'agriculture occupe le premier rang dans la structure économique de la Syrie. C'est la principale ressource et la seule richesse durable du pays. Le commerce et l'industrie qui ont connu dans l'Antiquité et le Moyen-Age une prospérité et une extension considérables ne trouvent plus dans notre pays à l'époque actuelle les conditions qui en favorisaient le développement. Jadis, la Syrie était le carrefour des routes commerciales du monde antique; mais le centre de gravité du commerce a été déplacé; des routes nouvelles maritimes et continentales ont orienté l'activité des marchands vers d'autres cités et d'autres horizons. Les divisions politiques ont élevé des barrières entre le commerçant syrien et le marché qui lui était réservé dans les contrées limitrophes. De même les conditions économiques et techniques de la grande industrie moderne ne peuvent plus être réunies dans la Syrie et obligent l'industriel à abdiquer cette source de production dans toutes ses branches où le machinisme et la fabrication par séries constituent la supériorité de l'industrie européenne et américaine.

Ces deux branches de l'activité pourront encore se développer dans des proportions limitées à l'aide de conventions douanières à conclure avec les Etats limitrophes et grâce au développement du transport par automobile ; mais il n'est plus permis aux Syriens de les considérer comme des sources de richesse suffisantes et durables.

L'agriculture, seule, constitue l'ossature de la structure économique de la Syrie et l'assise matérielle sur laquelle elle peut reconstruire sa civilisation.

Mais le régime de la propriété rurale porte en soi des germes de maladie qui ont affaibli les forces agraires et étendu leurs ravages par voie de répercussion sur tout le domaine de la vie nationale. Toute entreprise de restauration économique et sociale serait vaine si elle n'était basée sur une réforme préalable du régime de la terre.

En effet, en Syrie comme et plus que dans toute autre contrée, il y a toujours eu une corrélation étroite entre le statut foncier, le statut personnel et le régime politique. En remontant aux siècles les plus reculés, nous y trouvons toujours des vainqueurs et des vaincus, et par suite des seigneurs propriétaires et des colons asservis. Tour à tour, les Chaldéens, les Egyptiens, les Perses, les Grecs, les Romains, les Arabes et les Turcs, de vainqueurs formaient des couches nouvelles de vaincus et disparaissaient dans la masse originelle de la plèbe en cédant aux nouveaux conquérants la propriété du sol avec la domination politique. On peut appliquer ici à la guerre ce que Taine disait de la Révolution : « La Révolution est par essence une translation de propriété; en cela consistent son support intime, son moteur premier et son sens historique ».

La corrélation est aussi plus étroite et présente des faces multiples dans le Droit musulman suivant lequel la nature juridique du sol diffère soit à raison de la religion et de la nationalité du propriétaire, soit à raison du mode d'occupation, selon qu'elle s'est accomplie par voie de conquête ou par voie de capitulation.

Mais cette corrélation entre le statut des personnes et celui des terres qui fait que le premier détermine le second produit avec l'évolution des conséquences inverses et le statut foncier détermine logiquement et fatalement la condition des personnes. « S'il est exact, dit M. Louis de Brun, de dire qu'à l'origine c'est le statut des personnes qui a déterminé celui des terres, rapidement les choses ont changé d'aspect. Primitivement le degré de liberté de l'individu ou de son groupe influait sur l'état de la terre qu'il habitait et cultivait. Mais bientôt les mêmes causes produisant toujours les mêmes effets, à telle forme de propriété, à tel état économique correspondent nécessairement telle forme de liberté, tel état social. Le signe ainsi que cela se produit souvent est à son tour devenu la cause. Au moment des conquêtes arabes, l'évolution était depuis longtemps achevée; l'état des personnes était alors déterminé par l'état des terres ». (Conférence inédite prononcée au Cercle de la Jeunesse Catholique de Beyrouth, le 10 mars 1922).

On peut dire que le statut foncier est le signe et la mesure de l'état social d'un peuple et qu'il est indispensable de l'étudier pour bien comprendre l'histoire, l'évolution, la condition sociale d'une nation et ses causes de prospérité ou de décadence.

L'auteur orienté par ce raisonnement et tenant compte de la structure économique de la Syrie, à base agraire, a été conduit à étudier le régime de la propriété rurale espérant y trouver certaines des causes de décadence et des conditions de relèvement de la nation syrienne.

Une nation comme tout être vivant éprouve des besoins divers physiques et spirituels; il est nécessaire que son activité tende à les satisfaire tous à la fois dans la mesure de leur importance relative. Le progrès matériel est la condition du progrès intellectuel et moral; la réciproque est également vraie et les deux progrès doivent être agencés avec harmonie dans une société bien organisée. Toute rupture d'équilibre mène soit à la bestialité, soit à l'anarchie, à la ruine dans tous les cas. Le siècle d'or dans l'histoire d'un peuple est la phase de sa vie où, jouissant de la prospérité matérielle, il oriente ses efforts vers un but plus élevé de perfectionnement intellectuel et moral et exerce ses facultés pour l'acquisition des sciences et l'épanouissement des arts.

Une œuvre de régénérescence nationale est le rêve de la jeunesse intellectuelle de la Syrie. Certains esprits considèrent le problème politique de l'indépendance comme une question préalable qu'il faut résoudre avant toute autre. D'autres pensent qu'il y a lieu de procéder préalablement à la réforme du statut personnel. À notre avis, toute la question est d'ordre économique. Elle se présente sous la forme d'un problème agricole et foncier et demande une solution préalable et urgente. Une nation pauvre perd son indépendance; elle la revendique et la récupère par tous les moyens lorsqu'elle devient riche et puissante. L'œuvre longue et pénible réclame les efforts combinés de tous les citoyens de bonne volonté. Il est nécessaire que l'Etat dans le domaine juridique, le peuple dans le champ économique, les deux dans le monde intellectuel *et moral collaborent pour la renaissance d'une civilisation digne du passé et du génie de la patrie.*

Une question posée est une question résolue. La nécessité d'une politique agraire étant démontrée, il est nécessaire de composer un programme de réformes dont les moyens se groupent en trois catégories.

I. Moyens juridiques. — Une réforme des lois foncières s'impose tout d'abord tendant à la simplification de la classification des terres contenue dans le Code foncier au développement des droits du possesseur des terres amiriées et à la modification du régime des biens de mainmorte.

Il est nécessaire de modifier également les lois relatives aux modes de constatation du droit de propriété et d'en étendre l'application à toutes les terres quelle que soit leur qualité juridique.

De même, une amélioration du régime hypothécaire est indispensable pour relever le crédit du propriétaire foncier et lui permettre d'emprunter à des taux modérés les capitaux nécessaires au développement de la culture.

La classification prévue par le Code des terres étant modifiée et simplifiée, il y a lieu d'entreprendre une réforme d'ordre fiscal. En effet, des impôts multiples et élevés grèvent actuellement la terre. Les modes d'imposition, de répartition et de perception en sont injustes et sont combinés de manière à léser le pauvre et à épargner le riche propriétaire. Une simplification de ces contributions et une modification des modes d'imposition et de répartition seraient conformes à la justice et favoriseraient un meilleur rendement au profit du Trésor.

Enfin, il y a lieu de procéder à un démembrement de la grande propriété et à sa répartition au profit de la classe paysanne qui travaille la terre à titre précaire et sans en avoir la propriété. Des procédés de démembrement nombreux ont été imaginés par les nations européennes. Le Gouvernement syrien doit en adopter celui qui convient le mieux aux conditions du pays et mettre fin aux incon-

vénients de la propriété domaniale. A quoi servirait de doter le sol d'un statut juridique perfectionné si des centaines de villages possédés par un groupe de familles féodales resteront en friche entre les mains de propriétaires incapables de metttre la terre en valeur, capables d'exploiter les hommes uniquement.

II. Modes économidues. — *Les montagnes et les plaines sont nues. D'autre part les pluies sont peu abondantes sur le plateau syrien et dans la région désertique; un système d'irrigation perfectionné est nécessaire pour favoriser la culture sur un sol excessivement riche et productif. Et comme le volume de la réserve d'eau et des rivières a diminué à cause du déboisement des montagnes, il s'ensuit que le reboisement et l'irrigation, questions d'importance vitale pour l'avenir du pays, appellent simultanément l'initiative et les efforts du Gouvernement et de la nation.*

En donnant la terre au paysan il faut que l'Etat le dote des moyens nécessaires pour la mettre en valeur. Tout d'abord, il y a lieu de le doter de capitaux à taux réduit en créant des banques de crédit agricole subventionnées par le Gouvernement qui lui prêtent à longue échéance un capital amortissable par annuités. C'est le seul moyen efficace pour le protéger contre le prêteur usurier de la ville.

Mais l'agriculture syrienne doit lutter contre la concurrence de pays comme l'Australie, l'Algérie dont l'agriculture, mieux favorisée par la nature et mieux armée par la technique moderne, peut soutenir avantageusement la concurrence et détruire les forces agricoles de notre pays, et comme une nation ne peut abandonner sa principale source de production et de richesse à la merci de la concurrence étrangère, il est nécessaire que l'Etat protège notre agriculture nationale par une barrièe douanière élevée.

La barrière douanière doit être considérée par le Gouvernement comme une mesure provisoire. Le paysan con-

serverait ses pratiques routinières s'il se sentait protégé pour toujours et contre toute éventualité. L'idéal consiste en ce que l'agriculture syrienne puisse soutenir la concurrence contre ses rivales étrangères sur un champ libre. Dans ce but, il faut que l'Etat et les particuliers combinent leurs efforts pour doter l'agriculture de la technique moderne, mettre à sa disposition des moyens de transport faciles et peu coûteux, l'enrichir de cultures nouvelles plus rémunératrices tel que celles du coton et de la betterave sucrière, encourager le paysan à l'élevage et défendre les récoltes contre les sauterelles et les autres insectes nuisibles.

III. MOYENS POLITIQUES ET ADMINISTRATIS. — « *Tout perfectionnement de l'économie humaine suppose un perfectionnement interne* », dit Philippovich. L'instruction qui éclaire l'intelligence et développe les facultés rend l'homme plus apte d'utiliser les forces naturelles et les choses du monde extérieur à une fin économique. Le progrès matériel est en corrélation étroite avec le progrès intellectuel et moral. C'est pourquoi l'instruction générale et surtout l'instruction technique nous apparaissent immédiatement liées à la vie économique. Un devoir incombe donc à l'Etat de propager l'instruction dans la campagne et d'appliquer strictement l'enseignement primaire, gratuit et obligatoire.

En développant l'intelligence du paysan, l'Etat veillera à la conservation de sa santé et de sa vigueur physique. La nature de ses travaux, les conditions hygiéniques dans lesquelles il vit exposent l'habitant de la campagne aux maladies dont il faut le préserver. Il importe de veiller à la conservation de la vigueur physique de la classe paysanne au point de vue économique pour développer la main-d'œuvre et parce que cette partie de l'ensemble de la population constitue le réservoir humain d'où les villes dans leur puissant accroissement et dans leur grande consommation d'individus reçoivent une affluence sans cesse renouvelée.

Un paysan instruit et en bonne santé morale et physique est prévoyant et prépare l'avenir de ses enfants et de ses champs. Les avances faites à la terre sont nécessairement des avances à long terme et le cultivateur ne prodigue pas l'engrais au sol épuisé et n'y plante pas l'arbre et la vigne s'il n'a pas la certitude d'en recueillir les fruits et de récolter ce qu'il a semé. Pour lui inspirer la certitude du lendemain et la confiance nécessaire pour entreprendre une œuvre de longue durée, il faut que la sécurité absolue règne dans la campagne; que le paysan protégé, des agressions des bandits de grands chemins et des exactions des bédouins, soit à l'abri de partager ses récoltes avec eux.

Dans cette lutte contre le bédouin il est bon de le soumettre à un joug de fer et de le priver de ses ressources ordinaires qui proviennent du pillage. Pour vivre il sera obligé de travailler, prendra goût au travail ordonné et à la vie sédentaire et remplacera la tente volante par une maison de pierre. C'est ainsi que la charrue du cultivateur effacera l'empreinte du pied du chameau et le désert reculera devant la civilisation.

Pour revivifier ces plaines immenses une population paysanne de cinq cent mille hommes est notoirement insuffisante. Il serait étonnant que la main-d'œuvre manque alors que la race syrienne est très prolifique si les guerres, les maladies, la misère n'avaient décimé la gent de la campagne et l'émigration les bras jeunes et vigoureux. Procurer la main-d'œuvre est un problème capital pour l'avenir de l'agriculture en Syrie. La sédentarisation des nomades fournira un contingent considérable mais insuffisant. Il est nécessaire que le Gouvernement prohibe l'émigration pour conserver son propriétaire au champ; il faut aussi qu'il encourage l'immigration et qu'il dispose des cent cinquante mille Arméniens réfugiés en notre pays. Ces immigrés qui étaient tous en Cilicie d'excellents cultivateurs endurcis au travail ont accaparé les petits métiers des villes où ils végètent dans la misère et se font détester par les indigènes contre qui ils mènent une concurrence de vie et de mort. Ils ne demandent pas mieux que d'avoir des terres et des instruments pour reprendre la vie de campagne qu'ils aiment.

Enfin, pour le paysan, maître de son champ, protégé, encouragé, en un mot régénéré, il faudra établir une justice égale pour tous et une législation protectrice de ses intérêts moraux et matériels.

C'est une esquisse rapide des principales réformes que sollicite l'agriculture syrienne et dont certaines feront l'objet d'une étude détaillée dans une partie spéciale de ce livre.

Un candidat au doctorat ne saurait avoir la prétention d'insérer un trité d'économie agraire dans les cadres, d'une thèse. L'eût-il voulu, le temps et les moyens lui manqueraient de le faire. Il est donc obligé de limiter l'étendue du sujet pour le traiter d'une manière approfondie. C'est l'idée directrice qui a réglé la préparation de cet ouvrage. Sous l'intitulé « Le Régime de la Terre en Syrie » et le sous-titres « Etudes historiques, économiques et juridiques », l'auteur a entendu examiner le statut juridique et économique des terres dans son évolution historique, sa situation actuelle, ses répercussions sur la vie nationale et les réformes nécesssaires que le Gouvernement devrait adopter.

Dans une première partie, l'évolution historique sera étudiée pour toute l'époque s'étendant sur les cinq périodes suivantes : 1° Période antique 2° Période gréco-romaine; 3° Période arabe; 4° Période ottomane; 5° Période du mandat français.

La législation en vigueur fera l'objet de la seconde partie où seront développées les lois foncières proprement dites, les modes de tenure et la répartition du sol ainsi que les lois fiscales auxquelles les terres sont soumises.

Enfin, une troisième partie renfermera l'examen des modes de tenure et de la répartition du sol ainsi que de l'influence exercée par la législation en vigueur sur la vie économique et sociale de la nation.

PREMIÈRE PARTIE

——

L'Evolution historique
de la propriété de la terre syrienne

——

La Syrie est un pays très ancien. Une sensation, je dirai matérielle, dispense de déchiffrer les inscriptions araméennes et les tablettes d'argile pour établir son ancienneté. Placé entre l'Egypte, l'Arabie, la Mésopotamie, la Perse et la Cappadoce, étalant ses côtes sur toute une face de la Méditerranée, la mer la plus sillonnée de l'Antiquité, carrefour des routes qui vont de l'Orient à l'Occident, riche, boisé et bien pourvu par la nature aux confins des déserts, ce pays fut le champ où se confrontèrent et fusionnèrent les civilisations les plus vieilles de l'humanité.

De l'histoire de quarante siècles, l'auteur tracera une esquisse rapide des principaux événements qui influèrent sur le régime juridique et économique de la terre.

——

CHAPITRE PREMIER

———

La Période antique

———

Il n'est pas possible ni utile pour notre sujet de reculer à cette phase de l'histoire, de la préhistoire plutôt, située entre le IIIe et le IVe millénaire. Les forêts y couvraient les montagnes et les plaines de la Syrie et allaient rejoindre les bords de la mer; les lions et les éléphants y erraient par bandes (1). On y voyait quelques-unes de ces nations sans nom encore et sans histoire qui appartenaient sans doute à cette humanité primitive qui peuplait la terre à des époques si reculées qu'il appartient au seul géologue d'en rechercher les traces. Ces peuplades ont été éliminées par des races plus fortes et plus nobles qui se sont répandues progressivement entre le Taurus et l'Euphrate et la Méditerranée. Des chasseurs et des bûcherons auraient été les premiers habitants de l'Amanus et du Liban.

—————

(1) Les renseignements historiques de cette période sont pour la plupart tirés de l'Histoire Ancienne des peuples de l'Orient classique de G. Maspero, de l'Histoire de la Syrie de Mgr Debs en arabe, 8 vol., et de la même histoire en arabe de Mohamed Kurd Ali, 7 vol.

Les historiens assignent aux débuts des Sémites en Syrie une date proche de l'an 3000 A. C. Dès le début du IIIe millénaire, les Cananéens, les Phéniciens, les Araméens et autres tribus térachites ont occupé les différentes régions syriennes, les Cananéens à l'intérieur dans la Cœle-Syrie, les Araméens sur l'Euphrate, les Phéniciens sur la Côte Méditerranéenne. La tradition fixe à l'an 2700 la fondation de Tyr et la Bible dit qu'Abraham s'est arrêté à Alep et à Damas.

Ces tribus ont été soumises de bonne heure à la domination de Babylone et de Suze. Koutourmabouk se disait « sire des pays d'Occident ». Un autre prince Koutourlagamar, ruina Sodome et Gomorre qui s'étaient révoltées contre lui. Cette suzeraineté était affirmée et déjà traditionnelle à l'époque du grand souverain chaldéen Hammourabi et de ses successeurs. La formule « roi du vaste pays d'Amura » comptait parmi leurs titres de gloire.

1. — *La période Chaldéenne. Les lois de Hamourabi* (²)

La domination politique d'une nation évoluée et déjà civilisée sur une autre qui n'est qu'au début de l'évolution sociale entraîne la translation au pays dominé des idées et des mœurs du peuple souverain, surtout lorsque les deux nations sont réunies par la communauté d'origine, le contact du voisinage et les liens économiques. Tel fut le cas entre Babylone et les peuplades syriennes soumises à son hégémonie.

A cette époque, la civilisation chaldéenne était arrivée à son apogée. Mais arrêtée dans son expansion au Sud

---

(2) Histoire ancienne des peuples de l'Orient classique, Vol. I, p. 761 et suiv., par G. MASPERO.

par la mer et l'Arabie, à l'Est par les populations perses
rebelles à sa pénétration, elle remonta les deux fleuves
dont le cours inférieur avait abrité son berceau et se ré-
pandit sur les larges plaines septentrionales et occiden-
tales. Les dieux et les légendes de la Chaldée pénétrèrent en Syrie avec la langue des conquérants et avec
l'usage de leur écriture. Les Syriens adoptèrent la religion et le culte de Babylone et s'assimilèrent ses institutions, ses mœurs et ses lois.

La Chaldée est une contrée sans forêts; les monarques chaldéens profitèrent des richesses forestières de
la Syrie pour la construction de leurs palais et de leurs
chars de guerre. La mise en coupe des forêts permit aux
autochtones de se développer, d'évoluer et de pratiquer
la culture de la terre, et lorsque ces nouveaux cultivateurs
eurent à donner un régime juridique et économique au
sol défriché, celui-ci fut simplement et spontanément le
régime créé et perfectionné par les savants et les prêtres
chaldéens.

Pour connaître donc le régime de la propriété rurale
en Syrie à cette période de son histoire, il suffit de se
référer aux institutions chaldéennes. Une découverte ar-
chéologique faite en 1902 permit de reconstituer la com-
pilation juridique la plus importante pour l'époque et
qui fut nommée le Code Hamourabi.

Nous allons exposer sommairement cette législation
qui représente la conception orientale du droit de propriété et dont les traits caractéristiques se perpétueront
dans toutes les législations qui régirent successivement
la propriété foncière syrienne jusqu'à nos jours.

II. — *Les lois de Hamourabi*

Hamourabi, l'un des rois les plus célèbres de Babylone
compila ce Code au XXIII⁰ siècle avant notre ère. Mais ses

éléments constitutifs remontent à une antiquité beaucoup plus reculée et sont empruntés à des lois promulguées à diverses époques par plusieurs souverains. Il comprend, en deux cent quatre-vingt-deux articles, d'une rédaction brève, claire et nerveuse, le droit privé tel qu'il résultait des coutumes et des législations antérieures.

L'affermage des terres, l'irrigation, la pâture des troupeaux, l'aménagement des champs en jardins, toutes les questions du droit rural si complexes dans un pays de culture intense tel que l'était la Chaldée fournissent la matière de dispositions nombreuses. On y suit partout le désir d'assurer l'inviolabilité de la petite propriété foncière et de la protéger contre les tentatives d'usurpation dont elle était l'objet de la part des puissants.

L'analyse de cette loi à la lumière des autres documents historiques nous fournit les renseignements suivants :

1. PRINCIPE DE LA PROPRIÉTÉ DE LA TERRE. — La Terre appartient théoriquement aux dieux et sous eux aux rois. C'est en eux que réside immuablement le principe de la propriété du sol, le droit éminent. Les dieux ont la propriété, le droit souverain de disposer parce qu'ils ont créé la terre; les rois jouissent de ce droit suprême en tant que représentants des dieux, tandis que les citoyens n'exercent sur la terre qu'un simple droit de possession.

Le sol était donc soumis à deux droits: le droit éminent, le principe de propriété qui était pour ainsi dire un privilège des dieux et un droit inférieur de possession et de jouissance concédé par les rois aux hommes et soumis au libre exercice de leur volonté.

Ces deux pouvoirs des dieux et des hommes sur le sol étaient protégés puissamment par la religion et la loi. Le droit de propriété était inaccessible aux hommes de toutes les manières, je dirai irréconciliable avec leur nature.

Le droit de possession était cessible. Mais l'acquisition ou la transmission de ce droit supposait toujours un acte juridique, un juste titre et jamais un fait. Il était inextinguible; la force et le temps ne pouvaient l'anéantir et la prescription, fille du fait matériel de l'occupation et du temps, était inconnue.

2. TERRES AFFECTÉES. — Certaines terres étaient affectées au profit des Temples ou de l'Armée. C'étaient des biens-fonds inaliénables dont les revenus servaient à l'entretien des temples et de leurs prêtres, de l'Armée et de sessoldats. Il y a lieu d'observer que dans ces fondations anciennes, l'objet de l'affectation était le revenu uniquement. Les biens-fonds étaient inaliénables et le droit éminent de propriété appartenait aux dieux ou aux rois.

Les Temples, outre les revenus des terres qui leur étaient particulièrement affectées, percevaient des taxes sur toutes celles concédées à des particuliers. C'était une sorte de dîme obligatoire et à caractère religieux.

3. DROIT INDIVIDUEL DE POSSESSION. — Le roi concédait des terres aux particuliers contre l'obligation de les mettre en valeur et d'en payer l'impôt. On peut dire que c'était le seul mode originel d'acquisition de la terre puisque l'usucapion était inconnue du Droit chaldéen. Le juste titre qui sert de base à l'acquisition du droit est l'acte de concession consenti par le roi, propriétaire et maître de la terre.

La terre concédée était grevée d'un impôt variable selon les époques, mais qui pesait assez lourdement sur les possesseurs. Une fois qu'ils l'avaient payé ainsi que les taxes que les Temples leur réclamaient au nom des dieux, l'Etat, ni personne, n'avaient plus le droit d'intervenir dans leur adminstration ou de restreindre l'exercice de leur volonté. Aussi avaient-ils la faculté d'en disposer à leur gré, de la louer, de la vendre, de la donner, de la diviser, enfin de la transmettre après décès à leurs héritiers naturels ou à leurs amis. Comme on le voit, sauf la réserve théorique du domaine éminent, les droits du possesseur étaient complets et aussi étendus effectivement que ceux d'un véritable propriétaire.

4. MODES DE TRANSMISSION DE LA TERRE (3). — La propriété était placée sous la protection des dieux, et la transmission ou la cession s'accompagnaient de formalités, moitié religieuses, moitié magiques. Plusieurs témoins, jusqu'à seize, attestaient de leur présence la sincérité de l'acte. La partie livrante prononçait contre quiconque oserait à l'avenir contester l'authenticté de l'acte des exécrations dont le texte était affiché dans un coin du champ sur un galet ovale en basalte ou en pierre dure.

Un de ces textes qu'on appelle le caillou Michaux, du nom de l'archéologue qui l'a trouvé et déchiffré, est bien caractéristique et mérite d'être mentionné.

« Si jamais, par la suite des jours, y est-il dit, quelqu'un parmi les frères, les enfants, la famille, hommes ou femmes, esclaves ou servantes de la maison, un intendant, un fonctionnaire, n'importe qui, soit pour en faire don à Dieu, soit pour l'adjuger à un compétiteur, soit pour l'attribuer à soi-même, s'il en modifie l'aire, les limites et les bornes, s'il le morcelle ou le dépèce et s'il dit le champ est comme vaccant car il n'y a pas eu donation, si par crainte des exécrations redoutables qui défendent la stèle et ce champ, il envoie un fou, un sourd, un aveugle, un méchant, un simple, un étranger, un ignorant et fasse enlever cette stèle puis qu'il la jette à l'eau, la recouvre de poussière, la brûle au feu et la détruise, y

(3) Voir OPPERT et MESSAUT : Documents juridiques de l'Assyrie et de la Chaldée.

écrive autre chose, la transporte dans un lieu où on ne la voit pas, cet homme là puissent Amon, Bel, Ea, la Haute Dame, les dieux grands jeter sur lui des regards de colère; puissent-ils anéantir sa vigueur, puissent-ils exterminer sa race! »

Ainsi la troupe entière des invisibles se mobilisait pour défendre les droits du propriétaire contre toute violation. « Nulle part dans le monde antique, dit Maspéro, le caractère sacré de la propriété n'a été affirmé avec plus de force, ni la possession du sol mieux assurée par la religion. »

5. Cadastre. — La surface de chaque Etat ou province avait été mesurée et les parcelles en lequelles on la lotissait enregistrées en des tablettes d'argile avec le nom du maître, celui du voisin, l'indication des mouvements du terrain, des fossés, des canaux, des rivières, des maisons qui pouvaient en définir les limites. Des plans sommaires accompagnaient la description et l'interprétaient aux yeux dans les cas les plus compliqués. Ce cadastre était très perfectionné pour l'époque. Le recensement se faisait à intervalles courts et souvent aussitôt après la conquête. C'est en blé qu'on évaluait la contenance des parcelles et qu'on en chiffrait les revenus aussi bien dans la comptabilité privée que dans la comptabilité publique.

Au point de vue foncier, le cadastre chaldéen, également appliqué en Syrie était un mode efficace de protection de la propriété privée. Au point de vue fiscal, et répété fréquemment, il permettait au souverain d'établir l'impôt sur une assiette solide et d'en calculer le rendement sans une erreur trop considérable.

6. Modes de tenure du sol (4). — Certains propriétaires cultivaient directement leurs terres, les plus pauvres

(3) G. Maspero, Histoire ancienne des peuples de l'Orient classique, V. I, p. 761 et suiv.

de leurs bras, les riches par l'entremise d'un esclave de confiance qu'ils intéressaient à la prospérité de l'entreprise en lui attribuant un tant pour cent du revenu. Souvent aussi, ils les affermaient en totalité ou par morceaux à des paysans libres qui les déchargeaient de tous les ennuis et de tous les risques de l'exploitation.

Il fallait un capital considérable pour réussir dans les entreprises agricoles.

Diverses combinaisons étaient pratiquées pour faire coopérer le capital et le travail. Tantôt le propriétaire du sol l'exploitait directement avec l'aide de sa famille, de ses esclaves et des ouvriers qu'il engageait à la journée ou pour toute une saison ou toute une récolte. Tantôt le propriétaire, seigneur, prêtre ou soldat confiait l'exploitation de ses terres à un ou plusieurs cultivateurs. Deux contrats étaient couramment usités: le fermage et le métayage.

Le contrat de fermage était ordinairement passé pour trois années et stipulait que les paiements auraient lieu partie en métal, partie en productions du sol. Le fermier versait une petite somme au moment où il entrait en possession, puis il acquittait le reste graduellement après chaque douze mois et cela de telle manière qu'il se libérait une fois en argent et les deux autres fois en blé. Les redevances variaient suivant la nature du terrain et les facilités qu'il présentait à la culture.

Souvent le paysan préférait s'associer à son propriétaire et recourait alors au contrat de métayage. Le cultivateur pourvoyait alors à tous les frais de l'exploitation et s'adjugeait ensuite les deux tiers de la récolte brute. Le métayer s'obligeait à administrer le fonds comme un bon père de famille pendant la durée de son bail; il entretenait les bâtiments et le matériel; il refaisait les haies; il réparait les machines à puiser et curait les rigoles. Il possédait rarement assez d'esclaves pour se tirer d'affaire et

venir à bout des travaux courants nonobstnt la coopération de ses femmes et de ses enfants. Aussi dans les mo-
ments de presse et surtout au temps des récoltes, il allait
chercher au dehors les bras qui lui manquaient.

7. Procédés de culture.— Les instruments et les procédés pratiqués par l'agriculture syrienne de l'Antiquité
ressemblent à ceux qui y sont employés encore de nos
jours. La charrue n'était qu'une pioche couchée dont on
avait allongé le manche pour y atteler deux bœufs. Tandis que le laboureur pesait sur les oreilles, deux valets
piquaient incessamment les bêtes ou les excitaient de la
voix et du fouet. Un troisième lançait la semence à la
volée.

On rencontrait surtout au voisinage des villes, des jardins, des bois et des espaces consacrés à des essais encore grossiers de cultures maraîchères. Mais le meilleur
du sol était aménagé pour la culture du froment et la production des céréales. En Phénicie on négligeait la culture
des céréales et l'on soignait celle des plantes industrielles
qui était très prospère et contribuait au développement
de l'industrie et du commerce des cités phéniciennes.

L'élevage des bestiaux était également développé. Les
terres que les flots n'atteignaient pas, ni l'irrigation artificielle se tapissaient en mars de graminées printanières
où l'on envoyait les troupeaux se refaire.

Les Chaldéens poussèrent fort loin l'art d'aménager
la terre et de lui arracher tout ce qu'elle pouvait donner.
Leurs enseignements transmis aux Grecs puis aux Arabes se perpétuèrent longtemps après que leur civilisation
eût disparu et furent encore pratiqués par les populations
de l'Irak sous les Califes abbassides. « L'agriculture nabatéenne », d'Ibn Wakshiah, renferme l'écho de ces anciennes traditions (5).

(5) Ce livre composé par un arabe nabatéen de Petra vers le
IIᵉ siècle probablement avant J.-C. a été traduit en grec et en

L'agriculture syrienne, malgré les vicissitudes et les troubles de l'époque marcha rapidement dans la voie de la prospérité grâce au régime dont la terre du pays fut dotée dès qu'elle fut mariée au cultivateur et fécondée par la charrue. Il suffit d'en connaître la situation quelques siècles plus tard, au début de la conquête égyptienne pour mesurer le progrès accompli.

Les inscriptions de Toathmos Ier et des Pharaons qui, après lui, traversèrent l'isthme de Suez pour envahir la Syrie, nous y montrent partout des villes et des donjons (6). « Leurs montagnes recélaient presque autant d'Etats que de vallées; et la plaine en comptait un par chaque ville campée délibérément dans un site facile à défendre ». Non seulement les cités royales étaient closes de murs mais aussi beaucoup des villages qui en dépendaient: et par surcroît des châteaux et des tours de guet bâtis au nœud des routes, au gué des rivières, au débouché des ravins attestaient à la fois et l'insécurité des temps et le zèle minutieux que les habitants apportaient à se défendre.

Le pays nourrissait une population assez dense de cultivateurs actifs et industrieux. Leur charrue n'était guère comme celle des égyptiens ou des chaldéens qu'une grande houe attachée de bœufs, celle employée encore de nos jours. La rareté des pluies en dehors de certaines saisons et la facilité avec laquelle les rivières s'épuisent les avaient rendus fort habiles à capter les eaux et à bien aménager le terrain. On en voit encore comme monuments des puits maçonnés d'une façon indestructible, des citernes et des pressoirs creusés dans le roc.

latin; il a été l'objet d'une étude spéciale de Renan intitulée : Mémoire sur l'Age du livre intitulé l'agriculture nabatéenne ».

(6) Il sagit d'inscriptions sur les monuments des pharaons qui ont fait la guerre en Syrie; elles sont citées par G. MASPERO dans son Histoire ancienne des peuples de l'Orient classique, Vol. II, p. 3 et suiv.

Les champs de blé et d'orge s'étalaient dans les vallées à côté des vergers où l'amandier, le pommier, le figuier, la grenade, l'olivier florissaient côte à côte. Si la pente se relevait et devenait trop raide, des parements de pierre sèche retenaient l'humus et transformaient les flancs des collines en étages de terrasses superposées. La vigne s'y mariait avec les arbres fruitiers. C'était une contrée de miel et de lait. Les noms des villages en reflétaient la richesse comme en un miroir. Tel village s'appelait Aoubila, la prairie, tel autre Karmana, le vignoble.

Plus on remontait au Nord, les coteaux se prêtaient à des cultures plus riches. Les villes croissaient et se multipliaient sur cette terre grasse et molle : Birkana, Dantine.

Un rang de citadelles garnissait le front méridional comme une barrière tirée en travers de l'invasion; puis au delà les châteaux et les villages se succédaient dans les replis des vallons et sur les éminences.

Le Hauran, c'était un champ de pâture immense, poudreux, mal arrosé, fréquenté en tous sens par les bédouins et clairsemé de bourgs noirs.

Damas dominait peut-être déjà le district que ses deux fleuves fécondent ainsi que les villages nichés dans les gorges de l'Hermon: Abila, Halboun la Vineuse, Jabroudou. Mais elle n'avait pas encore le renom de riche et puissante. Garantie par l'anti-liban contre la turbulence de ses voisins, elle végétait à l'écart des armées oubliée et comme endormie à l'ombre de ses jardins.

Les Amorrhéens habitaient la Cœlé-Syrie. Leur capitale la sainte Gadshou était assise sur la rive gauche de l'Oronte à 8 kilomètres du lac appelé Bahr El Kadès. La digue de ce lac asséchait la plaine et y favorisait le développement de cités nombreuses dont Hmath était la plus puissante.

Enfin, dans la vaste plaine septentrionale et sur les flancs de l'Amanus, partout où la présence d'un peu d'eau invitait à la culture les villes avaient poussé dru. Un fragment égyptien les compte par centaines. Khalabou, Alep, entourée dans sa plaine de vingt autres villes, était prospère. Enfin, Carchémis adossée à l'Euphrate et entourée d'une muraille de 8 kilomètres était le sanctuaire.et la capitale de toute la région. Des faubourgs entremêlés de jardins s'entassaient sur les berges du fleuve et recevaient dans la paix le trop plein de la population. C'était un canton riche, fertile, suffisamment arrosé.

Ce tableau de l'état de la Syrie à la fin de la domination chaldéenne et au début de l'invasion des Pharaons, tracé par des scribes égyptiens de l'époque, nous permet de nous associer au jugement du grand historien Maspero : « La Syrie à travers les réticences et le mépris des chroniqueurs égyptiens nous donne la vision d'un pays plantureux, civilisé où il faisait bon. naître malgré la perpétuité des guerres et la fréquence des révolutions. »

III. — *Conquête égyptienne* (7)

La réaction et la victoire des Egyptiens remportée sur les Hycsos avaient éveillé leurs goûts militaires. Toutmos Ier, de la XVIIIe dynasie, passa l'isthme à la suite des vaincus, promena ses troupes de Mageddo à Carchémis sur l'Euphrate et au Taurus et commença pour l'Egypte la liste des conquérants. Les Cananéens et Amoréens lui opposèrent une forte résistance et furent écrasés à Mageddo.

Les guerres allaient accumuler les ruines en Syrie et la

(7) Pour cette période voir MASPERO, Petite Histoire des peuples de l'Orient, p. 211 et suiv.; également l'Histoire de Syrie, par R. THOUMIN, p. 25 et suiv.

dévaster de la mer à l'Euphrate tout en faisant supporter à la population un joug autrement lourd que celui de la domination de Babylone.

La Syrie ne constitua jamais une province égyptienne administrée par des officiers de Pharaon. Elle garda ses anciennes lois, religions et coutumes, ainsi que ses dynasties telles qu'elles étaient avant la conquête. Un lien féodal unissait le pharaon à ses vassaux syriens; ceux-ci lui devaient hommage, lui payaient tribut, accordaient à ses troupes et refusaient à ses ennemis l'accès de leur territoire. Des garnisons égyptiennes postées dans les principales forteresses les surveillaient. Mais, somme toute, ils demeuraient maîtres chez eux et ils pouvaient batailler les uns contre les autres, contracter des alliances et régler à leur guise les affaires intérieures, sans que le souverain pût s'y opposer. Une telle organisation n'était pas solide. Les vassaux se montraient fidèles et payaient le tribut tant qu'ils étaient surveillés par un suzerain puissant et énergique. Un changement de roi, le bruit d'une défaite suffisait souvent pour que les vassaux reprissent leur indépendance et que l'impôt cessât d'être payé aux agents de Thèbes.

C'est ainsi que lorsque vers le xiii° siècle, l'Egypte était en pleine décadence, le tribut ne fut plus versé, les princes reprirent leur autonomie complète et la Syrie recouvra sa liberté sans guerre ni violence. La domination des Pharaons n'était plus qu'un souvenir lointain. Le vieux fond babylonien de la civilisation syrienne n'en subit pas des modifications très sensibles; mais il se recouvrit comme d'un vernis égyptien dont la teinte était plus foncée ou plus claire, selon les régions et le degré de résistance et de domination.

La situation de la terre et de la classe paysanne, le droit du possesseur du sol et celui du souverain demeurèrent tels qu'ils avaient été introduits au temps de Hammourabi.

IV. — *Fonds Syrien* (8)

La navigation, le commerce et l'industrie firent la grandeur de la Phénicie. L'agriculture y fut néanmoins prospère. Les mêmes principes juridiques importés par les Chaldéens régissaient la propriété de la terre. Seules les conditions économiques s'étaient modifiées et adaptées au milieu.

Les instruments et les procédés de culture étaient plus perfectionnés que ceux qui étaient employés en Egypte, en Chaldée et dans le reste de la Syrie.

Les documents historiques (9) nous portent à croire que la petite propriété, indépendante et libre, se partageait les plaines étroites du littoral phénicien et les premières pentes du Liban. La culture prospère, intensive et servie par un système perfectionné d'irrigation s'appliquait surtout aux plantes industrielles qui servaient de matière première à l'industrie phénicienne et contribuaient au développement du commerce. La Phénicie eut une influence efficace sur le commerce et l'industrie des autres régions du pays. Mais on peut affirmer d'une manière générale que sa civilisation ne rayonna pas sur la montagne et les plaines de l'intérieur et eut peu d'influence sur la population, la terre et le régime de la propriété de la Syrie.

Les Hébreux revenus d'Egypte et établis vers le XIIIᵉ siècle dans la vallée du Jourdain, au milieu d'une

(8) Voir pour cette période MASPERO, Histoire anc. Or. Clas., Vol. III. — Histoire de Syrie par R. THOUMIN, p. 38 et suiv. — **La Syrie** par le P. Lammens, Vol. I, p. 3 etsuiv.

(9) Voir Histoire économique de la Syrie par l'émir Ali Abdul Aziz Husni, p. 9; on y trouve plusieurs références à l'Histoire ancienne de l'Orient de BABELON, T. V, p. 105 et à lpsieurs histoires allemandes notamment Honnegger, Allgemeine KulturGesenichte, **Bd II, p. 201.**

histoire tragique de luttes intestines, de gueres contre les autres peuples et de persécutions atteignirent au x° siècle sous leur roi David l'apogée de leur puissance et fondèrent sous son fils et successeur Salomon une cour, un temple et une ville dont l'éclat de luxe devint bientôt légendaire.

La civilisation urbaine du royaume d'Israël n'eut rien d'original; elle emprunta tous ses éléments aux cités égyptiennes et phéniciennes. Le Grand Temple de Jahveh fut construit par les architectes et les artisans envoyés par Hiram, roi de Tyr.

Salomon et ses successeurs initièrent leur peuple au commerce qui en prit goût pour ne plus l'abandonner. Mais les Hébreux furent essentiellement un peuple agricole. C'est en céréales, vins, huile et autres produits du sol qu'ils payèrent à Hiram toutes les marchandises et tous les services fournis par ses architectes et artisans. Leur théorie de la propriété rurale nonobstant beaucoup d'analogie avec la doctrine chaldéenne eut des traits propres et originaux.

La terre appartient à Dieu seul, dit le prophète Moïse. Au fur et à mesure que les tribus d'Israël étendaient leur empire, elles évinçaient les anciens possesseurs du sol conquis. Les juges et les prophètes d'abord, les rois ensuite partageaient la terre entre les douze tribus et celles-ci la partageaient à leur tour entre les familles dont elles se composaient.

Les familles n'avaient qu'un simple droit de possession sur les parts dont elles étaient alloties et dont elles disposaient librement. Mais ce droit était précaire. Tous les quarante-neuf ans s'ouvrait l'année du Jubilé, la cinquantième, pendant laquelle on laissait la terre en friche; tous les esclaves étaient mis en liberté; chaque famille israélite était réintégrée dans l'héritage de ses pères, dans la part donnée à ses ancêtres au moment du partage

« afin, disait la loi, qu'il n'y ait pas des pauvres prmi vous ».

Toute atteinte à la propriété était considérée comme une faute et punie par une amende égale de deux à sept fois la chose prise ou le dommage subi, selon la gravité des cas.

Comme on le voit, la répartition cinquantenaire est une survivance de l'ancienne propriété collective et communiste qu'on voit à l'origine de certaines sociétés primitives. C'est la principale caractéristique de la propriété rurale juive. La conception chaldéenne de la propriété rurale avait peut-être franchi par cette étape de l'évolution; mais au moment où nous la voyons à l'aurore de l'histoire, elle marque déjà un grand progrès sur la conception hébraïque et nous apparaît sous la forme d'une possession individuelle nettement et définitivement établie.

Cette conception disparut avec la vie politique, indépendante du peuple juif et n'eut aucune influence sur les autres régions de la Syrie. Jahveh était trop jaloux d'avoir tout son peuple et d'appartenir exclusivement à lui pour admettre un partage ou une pénétration chez les peuples voisins.

Damas, la plus ancienne des villes syriennes certainement, du monde peut-être, eut des débuts modestes. Elle joua un rôle effacé, paya volontiers le tribut aux Chaldéens puis aux Egyptiens lorsqu'ils se présentaient. Dans cette vie calme, sans ambition et sans gloire, il paraît qu'elle se développa rapidement et s'enrichit. C'était surtout une ville agricole. La plaine était bien cultivée et les montagnes de l'Anti-Liban couvertes de forêts portaient également sur leurs épaules des arbres fruitiers: la vigne, le figuier, le pommier et l'olivier. Des villages nombreux trouvaient place dans les vallées et sur les douces pentes étagées vers l'Est. Jabroud, Halboun, Sednaya étaient déjà prospères avant la conquête égyptienne.

Le régime juridique et économique de la Chaldée s'appliquait sans altération au sol de la Damascène. La même conception juridique, les modes de tenure du sol, les instruments et les procédés de culture étaient appliqués et remontaient en ligne directe à Hamourabi.

Occupée par les Araméens au XII° siècle, Damas devint bientôt l'Etat prépondérant au Centre et au Sud après le shisme hébraïque. Benhadad I°' soumit à son autorité les villes jusqu'à l'Euphrate et obtint une suzeraineté au moins nominale sur les deux royaumes hébreux. La Phénicie araméenne, Hamath, Khaloupou et les princes hittites reconnurent bientôt sa supériorité et lui prêtèrent et le tribut et l'appui de leurs armées. Elle paraissait être en voie d'opérer la concentration du pays que Hittites et Hébreux n'avaient pu accomplir et de réaliser définitivement l'unité nationale par la fusion et l'assimilation des races éparpillées entre les frontières naturelles du pays syrien. Cent mille guerriers répondaient déjà de tous les points à l'appel de Adadidri, un second Benhadad. Mais cette puissance était bien jeune pour résister à l'agression d'un grand empire.

V. — *Invasions et conquêtes assyriennes et perses*

L'Empire belliqueux d'Assyrie était très sauvage. Les Assyriens, dès 854, envahissaient la Syrie; le roi de Damas leur résistait pour défendre la capitale. Alors ils parcouraient les autres villes, pillaient, brûlaient, massacraient sans jamais arracher à ces contrées autre chose qu'une soumission momentanée et superficielle. C'étaient plutôt des razzias destructives d'une horde sauvage en chasse de butin qu'une conquête progressive et méthodique d'un peuple civilisé qui cherche à établir un régime durable.

Enfin, Tiglatphalassar, après avoir rasé tous les arbres de la plaine et détruit les villages, enleva Damas à son roi Rezou II et y établit un gouverneur ninivite en l'année 733. Cette fois, la conquête était malheureusement définitive. Des populations syriennes furent déportées à l'étranger et des colonies étrangères furent établies en Syrie. Un gouverneur et un surveillant assyriens assistés d'un corps d'armée et vivant tous sur le pays administraient la province syrienne et percevaient les impôts.

La domination barbare des Assyriens fut un coup mortel pour la Syrie; elle étouffa les jeunes Etats de Damas et de la Judée, qui prenaient conscience de leur force et de leur puissance, et démoralisa les Syriens au moment où ils tentaient de réaliser leur unité nationale [10]. Aussi lorsque les Assyriens furent vaincus et remplacés par les Perses, en 536, les cités syriennes ne firent aucune résistance. Il importait peu de changer de maîtres.

Darius divisa son immense empire en vingt-trois satrapies. La Syrie était comprise dans celle de l'Arabeya. Chaque province était administrée par trois hauts fonctionnaires égaux, indépendants et relevant directement de l'Empereur. Le satrape était investi du gouvernement civil. Un général du commandement de l'armée et un secrétaire de la Chancellerie.

Cette réforme avait un but financier autant et plus que politique: répartir, lever, verser l'impôt était le grand devoir des satrapes. Outre les impôts au roi, la population payait des taxes énormes au satrape qui n'était pas rétribué par le gouvernement et vivait avec tous les fonctionnaires et l'armée sur la province.

La population rurale, abandonnée de ses princes et

(10) Voir Histoire de Syrie, par R. THOUMIN, p. 70.

chefs indigènes, était réduite à la servitude et à l'exploitation. Elle périssait sous le joug, et désertait la campagne lorsqu'elle le pouvait (11).

A la fin de la période perse, en 333, les vieilles dynasties, les vieux noms, les vieilles races de la Syrie avaient disparu. Le monde belliqueux où les Assyriens avaient tant bataillé de l'Euphrate à l'isthme de Suez s'était évanoui. Les principales tribus et villes, Carchémis, Godshou, étaient mortes et leur territoire retourné au désert faute de bras pour l'arroser et pour le cultiver. Des monceaux de ruines marquaient, seuls, le site des villes opulentes que les monarques persans avaient détruites dans leurs razzias. Tout autour s'enfuyaient à perte de vue des plaines sèches et déboisées où les Arabes chassaient à l'aventure le lion et l'onagre.

Nous savons quel a été le régime de la population rurale et l'état de l'agriculture au cours de cette pénible période. Il serait oiseux de rechercher le régime juridique de la propriété parmi les ruines des religions, des systèmes et des philosophies. Mais il est permis de conjecturer que la vieille conception chaldéenne du droit de propriété devenu le droit des gens de tous les empires d'Orient se perpétua d'une manière inconsciente dans la mémoire des hommes et persista alors que ces empires eurent disparu. Nous verrons que cette conception se maintiendra et se transmettra à travers toutes les conquêtes futures. Le vieil Orient n'est pas mort tout entier pour nous et son héritage compte pour plus de moitié dans notre patrimoine.

---

(11) Voir MASPERO, Hist. anc. peuples Or., p. 765 et suiv. THOUMIN, Histoire de Syrie, p. 96.

CHAPITRE II

———

La période gréco-romaine
(333 avant J.C. 634 après J.C.)

———

La Syrie accueillit avec indifférence le conquérant macédonien après sa victoire d'Issus. Il importait peu de
changer de maître. Tyr résista héroïquement et fut battue
et saccagée. Alexandre le Grand étant mort, ses généraux
se partagèrent l'immense empire. Après des luttes sanglantes Sélencus Ier Nicator fonda un empire dont l'Indus
constituait la limite orientale et Antioche en Syrie était la
capitale. L'Etat séleucide s'appela royaume de Syrie et
malgré les apparences étrangères et la façade grecque,
formée de quelques milliers de vétérans d'Alexandre et
des immigrés héllènes, bientôt assimilés par les indigènes,
ce fut en réalité un royaume syrien dont la constitution et
les caractères étaient purement nationaux. Ce fut aussi

(1) Voir pour cette période Histoire de Syrie par Thoumin, p.
97. — La Syrie, du P. Lammens, Vol. I, p. 9 et suiv. — Institutions
sélencicles par Bouché-Leclerg. — Syrie ancienne et moderne par
David et Yanoski. — L'Empire des Sélencides par Bouché-Leclerg.

une manifestation éclatante du principe constaté par Chrles Maurras que le pouvoir nationalise le monarque.

Il y a une pénurie des documents sur l'organisation et les institutions séleucides. Le pays fut divisé en huit satrapies, outre la Palestine, dont quatre pour la Cœlé-Syrie et quatre pour la Syrie septentrionale. Des intendants royaux surveillaient les satrapes. En outre, les Séleucides reconnurent peu à peu comme vassaux les chefs indigènes des villes et des tribus. Le lien de vassalité consistait dans l'obligation de payer un tribut et de fournir des contingents à l'armée royale (2). Mais en fait nous n'avons pas des renseignements sur le régime intérieur des provinces, des villes libres et des seigneuries vassales, ainsi que sur la somme de vie locale qui leur était abandonnée. Plusieurs villes sont restées libres et autonomes avec exemption de tous tributs tel qu'Alexandre le Grand les avait déclarées.

Il nous paraît qu'en fait le régime juridique et économique de la terre ne changea pas. Que le possesseur de la terre détînt se droits de son chef national ou du souverain chaldéen, persan ou séleucide, ces droits furent toujours les mêmes.

Mais les nouveaux rois de la Syrie lui conférèrent avec une paix relative, des éléments de régénération qui lui permirent de se restaurer et de prospérer.

Sous les rois séleucides d'une civilisation raffinée, les modes d'administration et de gouvernement perdirent la brutalité qui caractérisait les manières des principes assyriens et persans. La guerre même était devenue plus humaine et causait moins de ruines et de ravages. Pendant les deux premiers siècles la puissance séleucide protégea les frontières syriennes de toute invasion et fit

---

(2) Institutions sélenides par Bouché-Leclerq.

régner une pleine sécurité dans la campagne. L'agriculture, le commerce et l'industrie en bénéficièrent et se développèrent rapidement.

D'autre part, les provinces nombreuses s'étendant jusqu'à l'Indus, dont la Syrie était la métropole, envoyaient des tributs énormes à Antioche, ce qui permit aux souverains non seulement de fonder des cités opulentes et luxueuses, mais aussi de dégrever les impôts payés par le contribuable syrien. Aussi les redevances dues par le cultivateur au seigneur du domaine et au roi ne pesaient pas lourdement.

Alexandrette fut fondée par ordre du Grand Macédonien en l'honneur de sa victoire d'Issus. Antigonea, sur l'Oronte, fut construite par son lieutenant Antigone. Bientôt Antioche et Apamée, sur l'Oronte, Séleucie, sur l'Euphrate, Laodicée durent leur construction à la volonté de Séleucus Iᵉʳ. Tant d'autres cités et colonies surgiront dans la suite. Antioche « la superbe aigrette de l'Orient » peuplée de 300.000 habitants, devenue la cité de l'art, du plaisir et du luxe, rivalisait avec Athènes et Alexandrie.

Aux peuples divers soumis aux Séleucides, il fallait un lien commun qui permît de réaliser l'unité morale avec l'unité politique. Les rois de Syrie s'efforcèrent de réaliser l'unité par l'hellénisation. Les Grecs portèrent en Syrie la philosophie et les sciences des vieilles civilisations orientales qui leur avaient été transmises par les phéniciens et que l'admirable génie grec avait développées, perfectionnées et fécondées Les cités phéniciennes, par leur contact continuel avec les Grecs étaient préparées et même gagnées à l'esprit nouveau. Mais pour le répandre dans tout le pays, l'hellénisme fit des concessions aux coutumes et aux mœurs locales. Ce compromis entre deux mentalités différentes et même parfois opposées permit aux populations de la Cœlé-Syrie, de la Judée et des bords de l'Euphrate d'accepter les idées et les mœurs venues de l'Attique. Bientôt toute la Syrie était hellénisée; un idéal nouveau dominait et un souffle puissant régénérait et unissait toutes ses populations.

Les tributs qui affluaient annuellement au royaume, les dépenses énormes prodiguées pour la construction des villes et des colonies grecques, le dégrèvement des redevances fournies par le contribuable syrien, la sécurité dans la campagne, le développement de la population, des besoins et du luxe favorisèrent l'extension de l'économie nationale sous toutes ses formes de production; l'agriculture en bénéficia tout particulièrement. « Les vignobles couvraient les hauteurs avoisinantes, nous dit Strabon en parlant de Laodicée et les vendanges étaient si abondantes qu'elles fournissaient en vin la population d'Alexandrie ».

Malheureusement, les cinquante dernières années de cette belle période furent sombres ; les guerres soutenues contre les Lagides d'Egypte pour la possession de la Palestine, les luttes civiles et fratricides entre les prétendants au trône désolèrent le pays ; les bédouins accablèrent les villages de leurs agressions et poussèrent leurs troupeaux de l'Euphrate à l'Oronte; les paysans refluèrent vers les villes et la steppe envahit les champs de blé. Certaines tribus arabes puissantes allèrent plus loin et tandis que Sempsicéramos régnait à Homs Arérath et les Nabatéens envahirent le Hauran et la Damascène et y exercèrent le pouvoir.

Rome surveillait de près attendant une occasion propice. Les légions conduites par Pompée firent une conquête pacifique de l'Euphrate à la Méditerranée et d'Antioche à Jérusalem sans siège ni combat. La Syrie entière devint une province romaine.

Les légions romaines savaient faire respecter l'ordre. Les usurpateurs d'un pouvoir qui, normalement appartenait au roi, subirent la peine capitale; les chefs de bande furent exterminés et leurs donjons rasés. Arérath et ses Nabatéens fuyant le contact des Romains furent poursuivis à Pétra et écrasés. Une sécurité absolue régna dans la campagne et sur les frontières que les invasions continuelles des Parthes ne pouvaient troubler.

Au point de vue administratif, Pompée respectueux des principes politiques de la République, maintint le *statu quo* tel qu'il avait évolué aux dernières années des Séleucides. Toutes les villes de la côte, celles de la Galilée, de la Pirée, toutes celles de la région centrale jusqu'à Philadelphie sur le désert furent déclarées cités libres et datèrent leurs libertés de l'ère pompéienne. Il rétablit, maintint ou renforça le régime autocratique des villes grecques; enfin, chez les peuples nomades ou peu dociles, il conserva les dynasties indigènes qui furent considérées comme des tributaires responsables, chargées d'acheminer leurs sujets vers le pur régime romain. Toutes ces circonscriptions adminstratives relevaient de la province de Syrie devenue dans ses frontières naturelles une province romaine avec Antioche pour capitale. Plus tard, l'Empereur Trajan, ayant mis fin au royaume nabatéen, annexa les régions d'au delà du Jourdain au Hauran et en forma un gouvernement distinct appelé provincia Arabia dont la capitale fut Bosrâ (an 106). Enfin, sous Dioclétien la Syrie fut divisée en neuf provinces groupées sous le nom de Diocèse d'Orient.

Nous allons examiner successivement quel a été le régime juridique et économique de la terre au cours de cette période.

I. — *Régime juridique de la terre* [3]

En vertu du droit public de Rome, le citoyen désigné au gouvernement d'une province recevait en délégation l'imperium. Cela signifiait que Rome se dessaisissait en sa faveur, pour un temps déterminé, de la souveraineté qu'elle possédait sur le pays. Dès lors, le gouverneur détenteur de tous les droits de la République exerçait tous les pouvoirs législatif, exécutif et judiciaire. Aucune constitution ne réglait son autorité à l'égard de la province soumise à son imperium. Aucune loi ne pouvait s'imposer à lui, ni la loi des provinciaux puisqu'il était romain, ni la loi romaine puisqu'il administrait des provinciaux. Aussi les gouverneurs contractèrent l'habitude de publier à leur entrée en fonction un code de lois qu'ils appelaient leur Edit et auquel ils s'engageaient moralement à se conformer. L'Edit n'était applicable que durant une seule année parce que les gouverenurs n'étaient nommés que pour cette durée et changeaient tous les ans. Mais les magistrats contractèrent l'habitude de reprendre l'Edit de leur prédécesseur, de le confirmer intégralement ou de le modifier selon les besoins. C'est ainsi que l'uniformité législative se maintenait malgré le changement périodique des gouverneurs.

De quels matériaux le gouverneur composait-il son édit ?

D'après les jurisconsultes romains, les provinciaux sont considérés comme n'ayant plus leurs lois propres que la conquête avait en principe abrogées et que Rome était censée méconnaître, et n'ayant pas encore les lois romaines dont jouissaient seuls les citoyens romains.

(3) Voir Etudes économiques sur l'Antiquité par P. GUIRAUD, p. 28 esuiv. — Egalement La Cité antique par FUSTEL DE COULANGES, p. 444 et suiv.

Pour eux, le droit n'existe en aucune façon. Le droit de propriété n'existe pas pour le provincial parce qu'il n'est pas citoyen romain; que son sol n'est pas terre romaine et que le droit de propriété complète n'est admis que dans les limites de l'ager romanus. Mais comme le provincial, mis en principe en dehors du droit, vivait toujours dans une société organisée qui ne pouvait fonctionner normalement en dehors des lois et de la notion de droit sans qu'elle tombât en dissolution, le génie romain eut recours à des détours et des artifices de langage. En principe les provinciaux vivaient en dehors du droit; en fait, ilsvivaient comme s'ils en avaient un. Ils n'étaient pas propriétaires de leur sol; mais ils continuaient à le cultiver, à le vendre, à le léguer et en disposer par tous les moyens parce qu'ils en avaient la possession. Le sol d'un possesseur n'était pas sien mais comme sien « pro suo » ; il n'était pas sa propriété, « dominium », mais il était dans ses biens « in bonis ».

Il faut remarquer que les exceptions à la règle étaient nombreuses. Nous avons vu qu'un grand nombre de villes syriennes furent déclarées libres par Pompée et conservèrent la jouissance de leurs lois et coutumes. D'autre part bon nombre de cités et d'individus obtenaient par faveur le « jus civitatis » et bénéficiaient par suite des lois de Rome.

Or, en employant ces détours et ces artifices, les jurisconsultes romains adoptaient pour les provinces, la conception orientale du droit sur la terre. Les Syriens de toute antiquité pensèrent toujours que la propriété, le domaine éminent sur la terre appartient aux dieux et au roi et qu'ils n'avaient sur elle que le domaine utile, la simple possession. Peu importait donc qu'elle appartînt aux monarques de Babylone, aux Séleucides, ou à l'Empereur de Rome.

Aussi, les jurisconsultes et les gouverneurs, faute de

pouvoir promulguer par leur Edit la loi romaine, s'aper-
çurent au cours de leurs détours et de leurs jeux d'esprit pour légitimer l'état de fait du provincial et les pouvoirs qu'il exerçait sur son terrain qu'ils étaient d'accord avec lui sur les conceptions qu'il avait de ses droits.
Le gouverneur de la province de Syrie put, dès lors, adopter, dans son Edit, les usages et coutumes en vigueur ainsi
que les lois antérieures elles-mêmes, puisque les lois
étaient devenues par le fait de la conquête de simples
coutumes.

L'histoire du Droit romain nous montre comment les
principes rigoureux des XII° Tables s'assouplirent au
contact du « Jus gentium » par l'initiative et l'interprétation du préteur et aboutirent à des solutions qui n'en
descendaient pas en ligne directe. Il est constant que le
droit provincial pénétra à Rome et prit place parmi ses
lois et institutions par le canal des gouverneurs des provinces et que les préteurs et les jurisconsultes romains,
par un génial effort d'élaboration et d'assimilation, ac-
cordèrent un droit de cité à ces lois étrangères; la conception orientale des droits sur la terre en est une.

C'est ainsi que lorsque l'Empereur Caracalla, dont la
mère Julia Domna était syrienne, conféra le droit de cité
à tous les sujets de l'Empire et fit un seul Etat et un seul
peuple de l'Atlantique à l'Océan indien, son œuvre avait
été préparée par une lente transformation des idées, par
des concessions mutuelles et par une interprétation des
lois romaines et des coutumes provinciales qui firent du
« jus civile quiritarium » le droit universel.

Il résulte du développement qui précède que la terre
provinciale était réputée terre d'Etat par l'effet de la conquête et faisait partie de l' « ager publicus ». Le détenteur qui l'avait reçue de ses ancêtres n'en était que le
possesseur, quoi qu'il pût en disposer librement. La servitude qui le frappait était marquée par un tribut annuel.

En outre, la province conquise était aussitôt recensée et soumise à un inventaire détaillé de la propriété foncière. Fustel de Coulanges voit dans le cens, non une simple mesure adminsitrative, un cadastre, mais la reconnaissance officielle que la terre n'appartenait pas à l'Etat et qu'elle était le domaine propre du propriétaire. « L'inscription au cens, dit-il, était un titre de droit. Le cens avait double effet; en même temps qu'il servait de base à la répartition de l'impôt foncier, il assurait aux hommes la propriété complète et absolue de leurs sol ». Pour Guiraud, l'inscription au cens constituait un titre seulement à l'égard des tiers, mais non pas à l'égard de l'Etat puisque les jurisconsultes de l'époque ne laissaient aux provinciaux que la jouissance de leurs immeubles et en attribuaient la propriété à Rome; ce droit de l'Etat était purement nominal et se traduisait au possesseur au point de vue fiscal uniquement. Nous préférons cette dernière opinion et nous pensons que tel fut le régime juridique de la terre dans la province de Syrie.

II. — *Interpénétration du droit romain et du droit oriental*
Formation du droit syro-byzantin

Nous avons exposé *supra* comment les coutumes provinciales obtinrent droit de cité à Rome et déterminèrent l'évolution du vieux droit quiritaire. Les Syriens jouèrent dans cette évolution un rôle prépondérant.

Sitôt la paix rétablie, ce fut une renaissance économique et intellectuelle dont la Syrie brilla d'un grand éclat. Les Romains ayant connu la vie élégante, le luxe et les plaisirs d'Antioche voulurent en jouir chez eux et Rome s'ouvrit à l'invasion de l'Orient. La Syrie exportait à l'Italie des produits agricoles mais surtout des articles de luxe. Bientôt une pléiade de philosophes, de littérateurs, de jurisconsultes, d'architectes brillèrent à Antioche, Tyr, Bérite, Emèse, Palmyre et illustrèrent le Droit, les sciences et les arts. Trajan s'adressa à un architecte de Damas, Appollodore, pour embellir Rome. Ce fut un véritable engouement pour les idées et les mœurs de l'Orient. Un siècle après, une série d'empereurs, Caracalla, Elagabala, Alexandre Sévère, Philippe l'Arabe, vont renforcer l'empreinte syrienne sur Rome; ce qui fit écrire au satirique Juvénal : « Voici que depuis longtemps l'Oronte syrien s'est déversé dans le Tibre apportant sa langue et ses mœurs ».

Trois grands jurisconsultes Paul et Papinien de Tyr, Ulpien de Homs, après avoir enseigné à Beryte et préparé la réputation de son Université, « la mère et la nourrice des lois », furent sous les empereurs syriens de la famille de Sévère appelés aux hautes dignités que Rome réservait aux principaux jurisconsultes. Ils occupèrent le poste élevé de Préfet du Prétoire, c'est-à-dire de Juge suprême de l'Empire et furent les oracles qui, d'après les constitutions impériales, devaient fonder le droit et dont l'opinion avait force de loi pour les juges (4).

Sous ces influences diverses, il y eut une union entre la pensée romaine et la pensée syrienne et une fusion du Droit romain et du Droit oriental (5). « De cette union féconde, dit M. Louis De Brun, est issu le droit byzantin. Le Droit romain d'empreinte si fortement nationale et civiliste, si rigide dans ses déductions, s'est imprégné d'une pensée plus humaine, plus commerciale; il s'est égale-

(4) Manuel de Droit Romain par GIRARD. — Cours de droit romain, par Gaston MAY. — La civilisation méditerranéenne et le Droit en Syrie, par Mᵉ Camille EDDÉ. Revue du Monde Egyptien, n° 8, 9, année 1921.
(5) L'Evolution du droit musulman par M. Louis DE BRUN, conférence inédite.

ment assoupli. C'est alors seulement que l'instrument juridique romain a pris sa trempe définitive ».

Le Droit oriental c'est celui qui, sous les Séleucides de Syrie et les Ptolémées d'Egypte fut composé des réminiscences et des débris des vieilles civilisations orientales, fécondé par l'esprit hellénistique et répandu sur tous les rivages de la Méditerranée avant la conquête romaine. Son influence sur le Droit byzantin et les éléments que celui-ci lui emprunta peut être scientifiquement établie. Mais est-il possible d'établir l'influence des anciennes lois babyloniennes et égyptiennes sur le Droit de Justinien et la filiation purement orientale d'une institution byzantine ? L'état actuel de la science ne permet pas une telle entreprise; mais les présomptions sont si graves et si concluantes qu'il serait téméraire de nicr cette influence. « Etant donnés, dit M. De Brun, les conditions et le milieu où s'est développé le droit byzantin, celui-ci a nécessairement dû subir, dans une certaine mesure, l'influnce orientale. De la direction et du sens des éléments générateurs, nous sommes fondés à conclure aux éléments engendrés. Et cette hypothèse semble confirmée par les similitudes frappantes que l'on constate entre certaines institutions du Droit byzantin et celles des vieux droits orientaux ». Ainsi, dans une constitution du Code Théodosien sur les « agri deserti », la propriété est considérée comme un droit relatif subordonné à la mise en valeur de la terre. Or c'est là un principe du vieux Code Hamourabi, exorbitant du Droit romain qui considère la propriété comme un droit absolu, intangible et perpétuel.

Les emprunts aux vieux droits eurent lieu par le canal du Droit hellénique, qui, sous les Séleucides, s'était assimilé un bon nombre des coutumes syriennes et par le contact avec les coutumes provinciales respectées par la conquête et maintenues sans grandes modifications par l'Edit des gouverneurs. Les coutumes furent toujours appliquées en Syrie à côté du Droit officiel en le complétant et souvent en y dérogeant; aussi négliger d'en parler serait supprimer des traits caractéristiques de la physionomie juridque de ce pays. C'est ainsi que dans un traité de Droit syro-byzantin, composé par un clerc de l'Eglise de Syrie au IV° siècle et analysé en France par M. Esmein, nous trouvons des différences capitales entre les règles de la succession coutumières et celles du Droit officiel. Les mêmes différences existent pour d'autres institutions (6).

Quel était le régime des terres en Syrie à la fin de la période byzantine? Elles étaient divisées en cinq classes ayant chacune une condition juridique spéciale :

1° Les domaines impériaux et municipaux affermés à des conductores qui tendaient à devenir les possessiores. Ainsi la propriété tendait à se démembrer. Les conductores sous-affermaient d'ordinaire les terres à des fermiers héréditaires, attachés à la glèbe, — les colons.

2° Les domaines ecclésiastiques. C'étaient des biens de mainmorte qui appartenaient soit à des associations personnifiées (les collegia, les corpora), soit à des fondations pieuses (piæ causæ) douées de personnalité et capables de posséder un patrimoine.

3° Les domaines privés. Ils comprenaient :

— Soit des latifundia, vastes domaines appartenant à de grands propriétaires et cultivés par des colons;

— Soit de petites propriétés foncières dont les propriétaires tendaient à devenir de simples colons. Nous verrons sous quelle influence.

4° Les agri deserti, terres mortes dont la propriété était en vertu d'une constitution théodosienne acquise à celui qui les met en valeur et s'éteignait si ces terres étaient laissées en friches pendant un temps déterminé.

---

(6) Cette analyse française est citée par M° Camille EDDÉ dans sa conférence déjà indiquée à la page 16.

5° Les biens du domaine public (Ager publicus). Ces terres appartenant à l'Etat pouvaient être concédées à des particuliers à titre de propriété ou même de simple possession révocable à volonté.

Trois institutions servaient de base à ce système juridique. Elles feront l'objet du paragraphe suivant.

III. — *Régime économique de la terre*
Affermage - Colonat - Démembrement - Fiscalité

Trois facteurs contribuèrent au développement économique de la Syrie romaine, la paix, les travaux d'irrigation, l'extension de l'exportation des produits agricoles.

Nous savons que les légions romaines savaient maintenir la sécurité partout où elles en étaient chargées. En Syrie, outre les légions, les princes arabes gagnés à la cause de Rome étaient considérés comme de grands fonctionnaires de l'Empire et chargés d'écarter les tribus nomades de toute agression contre la campagne tout en les acheminant vers la sédentarisation. A l'abri de cette double barrière formée et des légions, et des tribus nomades, elles-mêmes, la pax romana régna en Syrie.

C'était insuffisant car les riches plaines du Nord et de l'Est, quoique admirablement fertiles, sont voisines du désert. Sans l'eau, la sécheresse les brûle et le sol ne s'anime et ne se prête à la culture que là où l'on réussit à l'irriguer. Déjà de toute antiquité et surtout sous les Séleucides de nombreux canaux et aqueducs avaient été construits soit pour alimenter les villes, soit pour arroser la terre. On n'en voyait que les traces après les ruines des dernières guerres séleucides. Les ingénieurs syriens et romains essayèrent de faire surgir l'eau partout où elle manquait; les anciens canaux furent découverts et réparés et un réseau complet de canaux, aqueducs et puits furent construits pour répandre l'eau dans toute la Damascène, le Haurau, la Cœlé-Syrie et les vastes plaines du Nord s'étalant entre l'Oronte et l'Euphrate, ceci sans parler des travaux gigantesques qui furent accomplis pour alimenter les grandes villes, Antioche, Laodicée, Bosrâ, notamment le grand canal long de près de 400 kilomètres, par lequel l'eau s'écoula de la source située à l'ouest de Damas, Ain el figé pour alimenter Palmyre, la grande capitale de Zénobie. Le désert recula devant les champs de blé, d'orge et de vigne.

Enfin, avec l'extension des relations commerciales, les céréales, les fruits et les vins de la Syrie étaient exportés aux villes de la Grèce et de l'Italie; la culture en fut intensifiée. « C'est ainsi que la Syrie, après avoir nourri généreusement les vieux empires orientaux, devint un des greniers de l'Univers, sous la tutelle habile et sage des Césars romains ».

Le développement du commerce et de l'industrie fut continuel et leur prospérité réelle. Quant à l'agriculture, les modes d'exploitation, la généralisation du colonat, une fiscalité de plus en plus lourde, les troubles et les invasions de la fin du Régime vont arrêter son développement et marquer même une régression.

1° Le Colonat (7)

Les historiens s'entendent de plus en plus pour reconnaître la genèse de cette institution en Syrie et en Egypte sous les Séleucides et les Lagides. L'histoire que nous venons de tracer du régime de la terre dans notre pays et des droits dont elle fut toujours l'objet nous rend cette

(7) Voir la propriété en Droit égyptien et chaldéen par REVILLOUT.

L'origine du colonat dans l'Egypte romaine par Jean MASPERO (Journal des Savants 1911, p. 181-182).

MM. GIRARD et Gaston MAY citent en note dans leurs cours de Droit romian, chapitre du colonat des références multiples favorables à cette hypothèse.

thèse vraisemblable. Le colonat se serait répandu dans tout le monde romain, partout les mêmes causes produisant les mêmes effets, jusqu'à ce qu'il reçût la sanction de la loi par une constitution de Constantin datée de l'année 388. Dès lors et avec plusieurs lois conséquentes il devint le mode normal et obligatoire de l'exploitation de la terre et le pivot du système fiscal. Il fut considéré comme une institution de droit public à laquelle la volonté du patron et du colon ne pouvait déroger. C'est que cette institution était en harmonie avec le génie administratif du Bas-Empire.

Nous allons voir comment cette institution s'étendit aux cinq catégories de terres sus-indiquées.

1° Les biens du Domaine public, les agri deserti, les domaines impériaux et municipaux et les domaines ecclésiastiques étaient affermés à des conductores. Les chevaliers avaient l'habitude de louer les terres domaniales; les vétérans des légions et les chefs des tribus nomades recevaient en concession les agri deserti situés sur la frontière. Tous ces grandsfermiers: chevaliers, publicains, vétérans, ne travaillaient pas eux-mêmes la terre et ils la sous-affermaient à des paysans. Ceux-ci cultivaient leurs lots moyennant une redevance partie en céréales, partie en argent.

Les conductores étaient d'abord de simples fermiers liés avec l'Administration des domaines ou les Collectivités propriétaires par un contrat de louage ou de concession à délai déterminé ou indéterminé. Et comme les personnes ne passaient pas d'une classe à une autre étant enchaînées à leurs professions par les conditions économiques de l'époque, et plus tard par la règle fondamentale de l'hérédité des professions et des classes, édictée par les Empereurs, le contrat de location n'était jamais révoqué et les conductores tendaient à devenir les possesseurs du sol.

D'autre part, les colons étaient ou des esclaves affranchis tout en restant rivés à la terre ,ou bien des hommes libres établis volontairement sur les grands domaines éloignés des cités. Le paysan libre, vivant isolé des cités dans l'organisation desquelles il n'avait point de place, était en fait attaché au sol de père en fils par l'impossibilité presque complète où il se trouvait de changer de profession ou de résidence. Souvent aussi c'est la dette arriérée des fermages et l'insolvabilité croissante qui retenaient ces petits fermiers à la discrétion des conductores. « Avant d'être rivés au sol par la loi, dit Fustel de Coulange, les paysans le sont par leurs dettes ». La loi consacra purement et simplement la coutume. Ainsi à la fin du IV⁰ siècle, Constantin soumit au colonat tous les paysans de la Palestine qui avaient échappé jusque-là à ce régime; l'Empereur Anastase décida que la personne, ayant servi trente ans comme colon, le devient par prescription; enfin Valentinien III reconnut à tout homme libre la faculté de devenir colon par une simple déclaration de volonté.

2° Pour les domaines privés, une distinction s'impose. Il y avait d'abord de grands propriétaires qui affermaient leurs terres à des paysans libres; ces derniers furent soumis au colonat dans les mêmes conditions que les travailleurs des domaines de l'Etat et des Collectivités.

Quant aux petits propriétaires, écrasés sous le poids des impôts qu'ils ne pouvaient payer, incapables de résitser à la cruauté des agents du fisc et aux agressions des grands propriétaires voisins, trop petits et trop pauvres pour se faire entendre et obtenir justice, ils se plaçaient sous la protection d'un potens, du grand propriétaire de la contrée dont ils obtenaient le patronage moyennant la cession de leur propriété à son profit; ils devenaient ses colons: M. Jean Maspero traça la genèse du colonat en Egypte —et tel fut le cas certainement en

Syrie — en un maîtresse page qu'il y a lieu de citer (8).
« Pour échapper aux duretés des agents du Fisc et à l'oppression administrative, les paysans pauvres demandent
la protection des puissants (c'est le patrocinium). Ils
cèdent aux patrons leurs terres qu'ils conservent à titre
de fermiers; ils perdent le droit de la quitter; ils sont
attachés à la glèbe; en revanche, leur maître les défend
contre la perception de l'impôt. L'Etat finit par reconnaître le fait accompli, et, considérant les patrons comme
de véritables propriétaires, leur réclama les contributions que leurs protégés ne payaient plus eux-mêmes.
Ainsi se constituaient de grandes propriétés dont les dé-
tenteurs levaient eux-mêmes l'impôt sur leurs terres.
C'est ce qu'on appela le privilège d'autopragie ». L'Etat
attacha légalement le colon à la glèbe pour des raisons de
politique financière trouvant commode ce procédé de
groupes fiscaux.

En définitive, on peut donner du colon la définition suivante : c'est un homme libre, dépendant et sa famille
après lui, d'une terre qu'il estforcé de cultiver à son
propre profit, moyennant une redevance due au propriétaire du sol et fixée par la coutume des lieux.

2° LES IMPÔTS (9)

La guerre, selon la conception antique, était le mode
d'acquérir le plus légitime. En vertu de la conquête, le
vainqueur acquérait des droits sur la personne de tous les
individus du peuple vaincu, qu'il pouvait réduire en esclavage, et la propriété de tous ses domaines publics et
privés. Le tribut imposé aux vaincus constituait la mar-

---

(8) Ce passage est cité par M. DE BRUN dans sa conférence déjà
mentionnée par nous.

(9) Voir l'organisation financière chez les romains par Joachim
MACQUARDT. — Egalement l'Histoire du Droit français, par Es-
CUEIN.

que de sujétion; il comprenait deux impôts: l'un personnel, la capitatio plebeia; l'autre foncier, la capitatio terrena; ceci sans compter la foule de redevances, taxes et corvées dues par le sujet sur sa personne et sur ses autres biens. L'impôt personnel était le signe de sujétion de l'individu et l'impôt foncier était le loyer dû par le détenteur de la terre au vainqueur qui lui en a laissé la jouissance.

Ces deux impôts fixés invariablement au moment de la conquête et répartis sur la base du recensement de la population et du cadastre se modifièrent bientôt et furent calculés d'après les besoins de l'Empire. L'Empereur fixait ordinairement tous les quinze ans les sommes qu'il estimait nécessaires et qui devaient être couvertes par ces deux impôts et réparties sur les personnes et les terres imposables. Constantin fit aux habitants des villes une remise totale et perpétuelle de l'impôt personnel ; et comme la propriété urbaine n'était pas soumise à l'impôtfoncier, tout le poids des dépenses de l'Empire retomba sur le paysan et sa terre.

Outre les impôts et les redevances, il y a lieu de mentionner la cruauté des gouverneurs et des patriciens et l'exploitation à laquelle ils soumettaient le peuple. A l'apogée de l'Empire, Cicéron disait de l'un d'eux: « Apias n'a laissé que ce qu'il n'a pu enlever; il a ruiné le pays et son entourage a rivalisé de brutalité. Ainsi la charge fiscale devint de plus en plus lourde à mesure que l'Empire byzantin multipliait le luxe et les fêtes à Constantinople et traînait ses drapeaux parmi les ruines accumulées par les luttes religieuses entre Syriens et Byzantins et par les invasions des Perses et les défaites qu'ils infligeaient aux Patriciens entre l'Euphrate et l'Oronte.

Colonat, fiscalité, exploitation du paysan, tel était le régime de la terre au moment où les Arabes se présentèrent en sauveurs.

CHAPITRE III

La Période arabe [1] (634-1516) après J.C.

Nous allons passer en revue sommairement la conception arabe des droits sur la terre avant l'Islam et son évolution après l'apparition de cette religion sous l'influence des principes nouveaux du Coran et des institutions des pays conquis.

SECTION I

La propriété arabe avant l'Islam

Dans le Hedjaz, berceau de l'Islam, on voit quelques villes et oasis clairsemées dans un désert immence; ce qui nous fait envisager successivement l'état des sédentaires puis celui des nomades.

(1) Voir notamment le Coran — Fotouh Bouldan pa rBaladhori — Histoire de la civilisation musulmane par G. ZEIDAN. — L'Histoire de la Syrie par KURD ALI. — L'Introduction à l'Histoire par IBU KHALDOUN. — L'impôt foncier par ABI YOUSSEF. — La Syrie par le P. LAMMENS. — L'Islam, même auteur. — Moawia I, même auteur.

1° Les Sédentaires

A la veille de l'Islam, les principales oasis, **Tabbouk, Taima, Médine, Fadak, Khaibar** étaient habitées par des Juifs. Les terres, les palmeraies, les vignobles comme les immeubles bâtis, étaient répartis en petites propriétés privées. L'habitude du peuple juif d'appliquer partout où il vit ses coutumes ancestrales et les lois du Talmud nous pousse à croire que les Juifs arabes conservèrent toujours la conception juive du droit de propriété foncière. Le propriétaire exploitait personnellement sa terre ou l'affermait contre une redevance payable en argent. Mais il nous semble que le métayage, c'est-à-dire l'affermage du sol contre une participation à ses produits, était inconnu, à cette date, puisque Malek le grand jurisconsulte de Médine en contestera la légitimité après un siècle de l'Hégire   .

Dans les villes, Médine, Taïf et notamment la Mecque, la propriété mobilière et foncière était connue de longue date. A la Mecque où le commerce, la banque, le change étaient si florissants que cette ville fut souvent appelée par les historiens la Venise du désert, toutes les nuances de la propriété mobilière n'avaient point de secrets pour les commerçants Meckois. La propriété foncière était également perfectionnée elle était libre et individuelle: lecommerce des immeubles bâtis comptait parmi les principales industries de la cité. Les coutumes de la Mecque relatives au commerce et à la propriété passeront presque intégralement dans le droit musulman, notamment des jurisconsultes médinois.

2° Les Nomades

Les nomades composant quatre-vingt-cinq pour cent de la population du Hedjaz étaient tels qu'on les voit encore. Leurs mœurs et coutumes ne changent pas. Les

Arabes nomades connurent depuis toujours la propriété mobilière des troupeaux, de la tente, des produits de consommation et des esclaves. Mais vivant sous une tente volante et mobile par définition, ne pratiquant pas la culture du sol ils ne connurent jamais le droit de propriété sur la terre ou sur les immeubles bâtis, pas même la propriété collective. Sur les pâturages de leur zone de mouvance ils possèdent un droit de priorité de pacage et de libre parcours.

Cependant l'herbe et l'eau essentiellement communautaires sont rares et le bédouin cherche à se constituer non seulement un droit de priorité mais aussi une exclusivité sur un pâturage fertile ou sur un point d'eau, d'où deux institutions rudimentaires, le Hima et le Haram. M. de Brun y voit un acheminement vers la propriété foncière.

1° Le Hima : une tribu forte jouissant d'un droit de priorité sur un pâturage, un nefoûd, ou un puits, le déclarait hima, c'est-à-dire soumis à sa jouissance exclusive; celui qui aménageait un puits d'eau pouvait le déclarer également hima; il devenait par suite inviolable.

2° Le Haram : pour protéger le hima et donner à son inviolabilité la consécration du culte, le pâturage, le puits ou tout bien mobilier ou immobilier pouvait être intitulé du nom d'une divinité ou d'un sanctuaire, déclaré haram du titulaire et bénéficier de l'inviolabilité de la divinité et du sanctuaire; la Mecque était haram de la Kaaba.

Ces deux notions passeront dans le Droit musulman, et le Prophète déclarera la Médine son propre haram.

Section II

L'apport de l'Islam à la conception de la propriété terrienne

L'Islam, comme toutes les religions anciennes, prétend apporter l'explication universelle des choses, régler en même temps que la conscience des croyants, leurs biens et leurs actes de vie civile et privée. Mahomet fut en même temps et l'apôtre d'une religion et le fondateur d'un empire. Nous allons étudier l'apport de la nouvelle religion à la conception des droits sur la terre.

1° Sources

Ces éléments nouveaux ont deux sources : le Koran et la Sounna ou tradition. Le Koran, c'est le livre sacré de la révélation prophétique, récité par Mohamed dans des circonstances différentes et rédigé sous sa dictée, il contient ses doctrines spirituelles et temporelles. Toutes les dispositions qu'il relate sont des vérités indiscutables et s'imposent à la foi et au respect du croyant.

Quant à la Sonna ou tradition, « c'est la coutume où le prophète « modèle par excellence. » (Cor. 33-21) est censé avoir édicté des règles positives de vie religieuse, morale et civile, telles qu'elles ressortent de ses exemples et de son enseignement extracoraniques, ou telles à tout le moins qu'elles furent sanctionnées par son approbation tacite ». D'après les théoriciens de l'Islam, le Prophète, doué du privilège de l'infaillibilité, agissait sous l'ascendant d'une inspiration latente et sans être troublé par la passion. C'est pourquoi tous les croyants doivent la soumission aux enseignements de la Sonna comme à ceux du Koran lui-même. De ces sources d'importance sensiblement égale les premiers Califes devaient puiser toutes les règles relatives à tous les actes de la vie religieuse et civile de la communauté musulmane ainsi qu'à ses relations avec les étrangers.

2° Les Principes

Nous allons citer les dispositions les plus caractéristiques du Koran et de la Sonna, puis nous en tirerons la conclusion et en dégagerons la doctrine.

Sourate II, verset 20 : — C'est Dieu qui vous a donné la terre pour lit et le ciel pour toit; qui a fait descendre la pluie des cieux pour produire tous les fruits dont vous vous nourrissez...

Sourate II, verset 109: — L'Orient et l'Occident appartiennent à Dieu...

S. II, V. 256 : — Dieu est le seul Dieu, le Dieu vivant et éternel... il possède ce qui est dans les cieux et sur la terre...

S. III, V. 104 : — Il possède ce qui est dans les cieux et sur la terre. Il est le centre où tout se réunira.

S. IV, V. 130 : — Il possède ce qui est dans les cieux et sur la terre...

S. IV, V. 131 : — L'Univers est son domaine. Sa protection vous suffit.

S. VI, V, 142 : — C'est Dieu qui a créé les jardins couverts et non couverts par les arbres, les dattiers et les plantes dont le goût varie, l'olive et la grenade qui se ressemblent ou non. Usez de ces dons; payez les décimes à la moisson et évitez l'excès, il n'aime pas les prodigues.

S. VIII, V. 1: — Ils l'interrogeront au sujet du butin. Réponds-leur : il appartient à Dieu et à son Envoyé. Craignez le Seigneur. Que l'amitié règle vos partages; et si vous êtes fidèles, obéissez à Dieu au Prophète.

S. VIII, V. 42: — Sachez que vous devez la cinquième part du butin à Dieu, au Prophète, à ses parents, aux orphelins, aux pauvres et aux voyageurs...

S. VIII, V, 70 : — Consommez votre part du butin; elle est licite et bonne; et craignez Dieu; il est clément et miséricordieux.

S. IX, V, 29. — Combattez ceux qui ne croient pas en Dieu.... et qui ne professent pas la religion des juifs et des chrétiens jusqu'à ce qu'ils paient de leurs mains le tribut et avec soumission.

S. XLVII, V, 15 : — Il vous a soumis la terre; parcourez-la. Nourrisez-vous des dons dont il l'a enrichie.

S. LIX, V, 6 : — Ce qu'Allah a fait revenir des habitants des bourgades à son Apôtre, vous ne l'avez disputé ni avec vos chameaux, ni avec vos chevaux. Mais Allah, donne à son apôtre pouvoir sur qui il veut !

S. LIX, V, 7 : — Les dépouilles enlevées sur les juifs chassés de leur forteresse appartiennent à Dieu et à son envoyé. Elles doivent être distribuées à ses parents, aux orphelins, aux pauvres et aux voyageurs. Il serait injuste que les riches se les partageassent. Recevez ce que le prophète vous donnera et ne prétendez pas au delà.

La Sonua nous présente plusieurs exemples. Nous en choisirons deux parmi les actes du Prophète et un seul de ses paroles:

1° A la conquête de Khaibar faite à la suite d'une bataille, le prophète partagea les palmiers et les terres de l'oasis entre lui et ses compagnons d'armes. Mais il maintint les possesseurs juifs dans leur détention des terres confisquées sous condition de payer la moitié des fruits et récoltes à titre de redevance aux bénéficiaires;

2° La soumission de Fadak, autre oasis, ayant été faite sans guerre, le prophète s'en réserva la propriété des terres sans procéder au partage;

3° La terre est à Allah, à son prophète et aux Musulmans.

(Recueil Sahih Bokhari.)

Les dispositions susindiquées se groupent autour de deux objets différents : 1° Le principe de la propriété de la terre et des droits de l'homme dont elle est l'objet ; 2° le partage du butin et des terres conquises entre les Musulmans.

En ce qui concerne le premier objet, Mahomet, comme tous les prophètes anciens et les prêtres de Babylone et de Memphis, attribue la propriété de la terre et de tous les biens à Dieu. Les hommes ont la faculté d'en jouir et d'en user sans abus et sans prodigalité. Un certain socialisme théocratique se dégage de toutes les dispositions éparses du Koran et de la Sonua.

En ce qui concerne le partage du butin, le prophète édicte des règles brèves et simples : « Les infidèles qui ne sont ni les juifs, ni les chrétiens doivent se convertir ou payer le tribut avec soumission. »

Lorsqu'une contrée est conquise par voie des armes, le partage doit en être fait entre le prophète et les guerriers, après le prélèvement d'un préciput fixé par le Koran au cinquième au profit de la communauté musulmane.

Au contraire, lorsque la soumission d'un pays se réalise par voie pacifique, il n'y a pas lieu à un partage obligatoire. En principe, tout le butin appartient à la collectivité musulmane représentant Dieu et représentée par son Prophète et par les Califes, ses succèsseurs. Cependant, le Calife a droit de partager tout ou partie du butin au profit des guerriers, s'il le juge utile.

C'est avec ces notions simples : Conception abstraite des droits de Dieu et des hommes sur la terre d'une part et modalités du partage du butin d'autre part que les premiers Califes vont essayer de constituer le statut foncier des empires des Sassanides et de Byzance.

SECTION III

L'improvisation d'un statut foncier

I. — *Conquête arabe*

Aboû Bekr, premier Calife, exhortant l'armée qui allait à la conquête de la Syrie, dit : Et lorsque vous verrez les gens partisans du diable et adorateurs des croix, vous les menacerez par vos épées d'embrasser l'Islam ou de payer le tribut de leurs propres mains et avec soumission.

L'histoire nous montre que toutes les villes syriennes, adoptant le second terme de cet ultimatum, capitulaient sous la condition de conserver leur religion, leur liberté et tous leurs biens meubles et immeubles et sous l'obligation de payer un tribut et de fournir certaines redevances à l'armée conquérante.

Quant aux bourgades et aux cantons, dit le juriste Abou Youssef, nulle part on ne réclama rien, ni ne tenta de résister. Partout les habitants une fois le chef-lieu soumis, disaient qu'ils agissaient comme la population des chefs-lieux et comme leurs chefs, et les habitants de la campagne furent traités comme ceux des villes, sauf cependant qu'ils eurent à leur charge exclusive la solde de l'armée malgré leurs protestations répétées.

Bientôt, les dépouilles et les tributs envoyés par les commandants des armées à Médine, la capitale, furent si abondants que le Calife Omar s'écria « O peuple, nous reçumes des biens inépuisables; comment les distribuer ! Préférez-vous qu'on vous compte vos parts, qu'on les pèse ou qu'on les mesure ? »

La conquête de la Syrie, de la Mésopotamie et de l'Irak s'acheva si rapidement et si facilement que les vainqueurs n'étaient pas moins étonnés que les vaincus; il fallait uniformiser les capitulations conclues par les chefs d'armée et régler le partage du butin, en un mot organiser la conquête.

II. — *Congrès de Djabia 17 H. 638 C.*

Le Calife Omar se rendit en Syrie et réunit à Djâbia un congrès auquel furent convoqués les compagnons du Prophète et les commandants des armées. Pendant trois semaines la discussion fut violente et l'opposition acharnée.

Les congressistes avaient en vue, non pas de fixer le statut juridique des terres conquises, mais d'organiser des bureaux « diwans » à l'exemple de ceux de Cosrowès ayant pour fonction de partager le butin entre les bénéficiaires et de percevoir les redevances et tributs qui seraient dus à l'avenir.

Voilà le résumé des délibérations telles qu'elles sont relatées par l'Imam Abou Youssof dans son livre [9], « l'Impôt foncier, le Kharadj ».

Omar posa la question du taux de répartition du butin. L'opinon générale se prononça contre l'égalité et décida d'avantager certaines catégories: les parents du prophète, le Calife, les premiers compagnons, etc.

Omar consulta sur le partage des terres d'Irak et de Syrie qu'Allah avait faitvenir aux fidèles. Certains demandèrent la reconnaissance de leurs droits et le partage de leurs conquêtes. Omar répondit que ce n'était ni raisonnable, ni possible. Les congressistes furent divisés. En effet, chaque parti pouvait invoquer à l'appui de sa thèse un texte du Koran et une tradition du Prophète.

Le parti d'opposition invoquait la Sourate VIII relative au partage du butin après la bataille de Bedr et le partage fait par le prophète des terres de Khaibar.

Omar et son parti s'appuyaient sur la Sourate LIX, relative à la capitulation de Fadak et sur l'exemple de Mahomet qui épargna les terres et le butin de cette localité de tout partage et en attribua la propriété à lui-même et à la communauté musulmane.

Dix arbitres furent choisis par Omar parmi les neutres auxquels il leur posa le problème en ces termes : « ...J'ai

(2) Ce livre a été écrit par ABI YOUSSOF YACOUB ABRAHIM ANÇARI né en 113 H et mort en 182 H (731-798 C). Il était le disciple du grand Isman Abou Hanifa; c'est lui qui a occupé pour la première fois le poste de juge des juges à Bagdad, c'est-à-dire le préfet du prétoire. Voir traduction française de Mr E. Faquan.

cru qu'il n'y avait rien à conquérir après le pays de Kesra
dont Dieu nous a livré les habitants, les richesses et le
sol. J'ai fait le partage du butin mobilier... J'ai cru devoir
réserver le sol et ses habitants et imposer à ceux-ci le
Kharadj à raison de la terre et la capitation comme impôt personnel sur chaque tête. Ce tribut constituera un
fey, un patrimoine, au profit des musulmans, des com-
battants actuels et de ceux qui leur succèderont. Pensez-
vous que ces frontières et ces grands pays puissent se
passer de troupes qui s'y fixent et qu'il faut largement
rémunérer. D'où tirer cette solde si l'on fait le partage du
sol et de ceux qui l'habitent? — Tu as bien parlé et bien
jugé; c'est ta décision qui est la bonne; ainsi répondi-
rent tous les arbitres.

La solution préconisée par le Calife fut adoptée et mise
en vigueur. On procéda aussitôt à la détermination du
taux de l'impôt foncier en s'inspirant des considérations
suivantes :

On imposa le capital et non le revenu en tenant compte
de la superficie de chaque terre. Ce fut donc un impôt
fixe. Pour le déterminer considération fut prise de la
capacité de production de chaque catégorie de terres, des
frais de production, de la distance entre la terre imposée
et les villes ainsi que des frais de transport. En outre,
la terre ne fut imposable que lorsqu'elle donnait un revenu supérieur à la somme nécessaire pour assurer une
vie honnête et sobre au possesseur et à sa famille. C'est
la théorie moderne du minimum d'existence qui fut inspirée aux conquérants par le bon sens et le souci de
l'équité.

III. — *Maintien du statu quo*

Le Congrès se contenta de créer un diwân chargé du partage du butin mobilier, du versement des allocations aux bénéficiaires et de la rentrée des impôts. Pour le reste, la question ne se posa pas et le statu quo fut maintenu dans le pays comme au temps de la domination byzantine.

C'est ainsi que les Syriens conservèrent leur langue, leurs tribunaux, leurs institutions municipales et provinciales. Les anciens fonctionnaires demeurés dans le pays conservèrent leurs fonctions. Ces magistrats locaux étaient chargés de la rentrée des impôts, de la police locale, de l'entretien des canaux, ponts et chaussées. Les villes syriennes conserveront ainsi pendant plus d'un siècle leur ancien aspect.

Les Arabes ne se mêlèrent pas aux indigènes; ils eurent pour eux le gouvernement militaire et divisèrent le pays en quatre circonscriptions appelées « djonds » et occupées par des garnisons arabes ayant à leur tête un gouverneur militaire. Le gouverneur réunissait en sa personne tous les pouvoirs mais il se bornait à surveiller le pays et assurer le paiement régulier de l'impôt. « L'organisation des pays conquis, dit Welhausen, se maintint dans les limites d'une occupation militaire pour l'exploitation des indigènes... Le gouvernement des Arabes se borna aux finances ; leur chancellerie fut une Chambre des comptes... (3) »

IV. — *Analyse du nouveau régime*

La solution adoptée par Omar mérite d'être approuvée. Elle fut plus avantageuse pour les vainqueurs et pour les capitulaires. Aux premiers, elle assurera de gros revenus; la classe tributaire sera la matière exploitable de l'Islam comme disait Ali qui défendit chaleureusement cette thèse, la ressource de vos familles, comme disait Omar à son entourage; elle permettra d'entretenir les troupes et d'étendre la conquête. Quant aux tributaires, le partage de la terre entre une infinité de guerriers arabes incapables de s'adonner aux travaux de l'agriculture les aurait soumis à un régime féodal analogue à celui des patriciens et peut-être pire.

L'impôt foncier greva la terre uniquement; la propriété urbaine continuera à en être déchargée, comme elle l'était sous le régime byzantin jusqu'à la promulgation de la loi ottomane, le Tanzimat. Quant à l'impôt personnel, le Djizia, il était dû par tout homme arrivé à l'âge de la puberté et variait entre un et quatre dinârs (écu d'or) selon la fortune du contribuable.

Le statut juridique de la terre ne fut pas envisagé par les congressistes de Djabia; mais il découla du problème fiscal comme un corollaire nécessaire. A raison du statut financier auquel elle fut soumise, la terre fut immobilisée et constituée en wakouf au profit de la collectivité musulmane. Elle resta en la possession de ceux qui la travaillaient, les anciens colons, qui devaient assurer sur son produit le paiement ponctuel du Kharadj. Et comme la culture de toutes les terres était indispensable pour garantir la solvabilité des débiteurs et continuer le paie-

(3) Ce passage est cité par M. DE BRUN dans sa conférence déjà signalée.

ment intégral de l'impôt, une modalité nouvelle limita le droit de possession; l'obligation de mise envaleur devint la condition essentielle du droit du détenteur à la possession et à la jouissance de sa terre (4). Sauf cette obligation, il ne fut rien changé à la nature des droits du possesseur; la terre resta donc dans sa condition juridique antérieure fixée par les lois et le statut coutumier syro-byzantin.

Il résulte donc de cette analyse que le statu quo fut maintenu tant dans les institutions du droit privé que dans celles du droit public byzantin. Omar accomplit un acte de substitution et non d'abrogation ou d'innovation. L'Etat musulman se substitua aux droits de l'Empire byzantin et devint en Syrie propriétaire des terres rurales.

Au même titre il recueillit tous les domaines impériaux et municipaux, le domaine privé de l'Empire byzantin, les terres des patriciens et des syriens qui abandonnèrent le pays à la suite de la conquête et les agri deserti. Les Califes useront de cette riche succession pour distribuer de vastes fiefs aux principaux chefs militaires et réserveront le reste pour le compte de Beit el Mal, c'est-à-dire du Trésor de la Collectivité musulmane.

SECTION IV

Elaboration du droit Musulman "le fiqh"

Il résulte de nos études précédentes que le Congrès de Djabia ne dota pas la terre syrienne d'un statut juridique

---

(4) Cette modalité n'est pas absolument nouvelle puisqu'elle était déjà imposée par la constitution Théodosien pour la possession des agri desoti et qu'elle est la caractéristique de la conception orientale de la propriété rurale.

musulman; il en jeta les fondements d'une manière incidente; mais la question resta entière.

Les princes ommeyades dont le grand Moawia fonda la dynastie en 660 et établit la capitale à Damas, où il était depuis 644 le gouverneur, furent de grands princes et les meilleurs parmi les dynasties arabes; on peut du moins le dire sans contestation de leur chef Moawia. Descendants de Abou Soufian, syndic des marchands de la Mecque et le premier parmi ses concitoyens, ils en conservèrent les meilleures qualités. Pieux et pleins de leur religion ilsfurent en même temps tolérants et réalistes et ne mêlèrent pas la religion à la politique de l'Empire. Réalistes ils surent assouplir les conceptions du Koran et les mœurs du Hedjaz pour les appliquer avec harmonie aux besoins d'une civilisation plus raffinée et au gouvernement d'une société plus évoluée. C'est ainsi qu'avec un équilibre dont ils possédaient l'esprit au plus haut degré, ils purent établir un compromis entre les principes nouveaux de l'Islam et les règles et institutions des sociétés qui lui furent soumises, s'assimiler les institutions byzantines et les coutumes syriennes pour en former dans la suite une œuvre originale digne de leur génie. Malheureusement, le temps leur fit défaut.

Les abbassides continuèrent l'œuvre ébauchée avec un esprit nouveau. En effet, le gouvernement des Ommyades fut un Empire arabo-syrien où régna et s'épanouit le génie de la race syrienne rendu plus vigoureux par les nouvelles forces morales apportées par les Arabes. Au contraire, les Persans, dont les guerriers de Khorassan enlevèrent le Califat au profit des Abbassides, vont régner dans la Cour de Bagdad et y introduire l'arbitraire et les mœurs des Sassanides : « Au gouvernement des Omeyades, dit Goldziher (5), condamné par les milieux piétistes,

____

(5) Ce passage est relaté sans d'autres précisions par M. DE BRUN dans sa conférence précitée.

se substitue un régime théocratique dont la politique sera une politique d'Eglise... La loi divine est l'unique loi à suivre. Les Omeyades avaient oublié de verser dans l'hypocrisie. Quoiqu'ils furent pénétrés de foi islamique, ils n'avaient pas cherché à faire pencher la balance du côté de leurs attributions religieuses... Sous les Abbassides, qui s'entourent d'ailleurs encore davantage de toute la pompe et de tout l'éclat extérieur des Sassanides de Perse, la phrase religieuse est à l'ordre du jour. L'idéal politique persan, l'union intime de la religion et du gouvernement est visiblement le programme de la domination abbasside. La religion non seulement intéresse l'Etat mais en devient la clé de voûte ».

L'élaboration du Droit musulman fut influencée successivement par ces causes extérieures. Mais tandis que la période omeyade fut celle de l'assimilation et de la gestation féconde, le figh portera à son front la marque de la Cour abbasside.

I. — *Sources et définitions du " fiqh "*

Le fiqh, c'est la connaissance et la définition des lois divines et humaines. Il embrasse l'ensemble des obligations que la loi coranique impose au musulman en sa triple qualité de croyant, d'homme et de citoyen d'une théocratie.

L'Islam apporta des principes nouveaux qui furent exposés dans une précédente section. L'assimilation intelligente et active des institutions byzantines et persanes et des coutumes syriennes y ajouta des éléments nouveaux. De ces matériaux divers les jurisconsultes musulmans du iie et du iiie siècle vont construire une doctrine nouvelle.

Nous connaissons les deux sources originelles de la loi: le Koran et la Sonna; la pratique montra bientôt qu'on ne saurait se passer des opérations de la logique et fit adopter une nouvelle source, le « qyas », l'analogie en vertu de laquelle on applique à des cas nouveaux les règles établies pour des espèces analogues. Une quatrième source, « l'idjmaa », le consentement universel, fut également admise et basée sur une parole du prophète : « Ma communauté ne s'accordera jamais dans l'erreur ». Enfin, en dehors de tout texte provenant des quatre sources sus-indiquées, les juristes eurent recours au jugement personnel « ray »; mais ils convinrent qu'il ne sera pas considéré comme une cinquième source du droit.

II. — *Ecoles - Stabilisation*

Il y eut plusieurs doctrines et autant d'écoles qui se développèrent à partir du premier siècle de l'Hégire. Quatre furent reconnues orthodoxes et les autres disparurent depuis le vii° siècle. Les quatre écoles orthodoxes sont : l'école Hannafite, l'école Malékite, l'école Chafiite et l'école Hanbalite. Leur diffusion régionale et le nombre de leurs adeptes sont très variés et dus à des causes historiques. Celle appliquée en Syrie et consacrée par la législation civile est l'école Hannafite. Développée à Bagdad dans le milieu des affaires, elle est la plus vivante et la plus accessible au progrès moderne.

L'élaboration entreprise par ces écoles fut accomplie avec tant de finesse et d'ingéniosité qu'il est impossible d'y retrouver les éléments hétérogènes dont elle fut composée. Elle a des caractères qui assurent son originalité.

Les dispositions du Droit musulman relatives à la terre passèrent sans modification aux Codes ottomans en vigueur en Syrie; elles seront exposées dans la seconde partie de cet ouvrage.

SECTION V

Modes de tenure du sol - Régime économique

La période arabe commença en Syrie comme une journée qu'une aurore radieuse promet belle et qui s'obscurcit bientôt par de sombres nuages.

Au début de la conquête, les paysans jouirent d'une liberté complète; ils conservèrent la libre disposition et possession de leurs terres; le colonat disparut avec les patriciens; les impôts furent sensiblement diminués et la perception en fut rendue plus humaine. Le grand Calife Omar écrivait à un gouverneur qui maltraitait ses administrés. « Pourquoi asservissez-vous les hommes alors que leurs mères les enfantèrent pour être libres; et il disait à un autre « Dieu a envoyé Mohamed comme révélateur et non comme percepteur ». Le prophète et les premiers Califes regardaient d'un œil inquiet l'appropriation individuelle du sol et le travail des guerriers arabes à sa culture parce qu'ils les voulaient sans liens avec les biens de la terre et toujours disposés à courir à la guerre sainte et à la conquête. Le Prophète aurait dit: « La charrue entraîne avec elle la soumission ».

Mais les ommeyades, issus d'une lignée de commerçants animés par l'esprit de lucre, ne goûtaient pas ce renoncement. Moawia, gouverneur de Damas, d'accord avec le Calife Ommeyad othman, commença par s'approprier les biens domaniaux laissés en héritage par l'Etat et les patriciens de Byzance. Son exemple fut suivi et les anciens domaines, les terres vacantes, les agri deserti furent arrachés au Beit ul Mal, transformés en grands fiefs et appropriés par les gouverneurs et les princes.

La politique des Ommeyades avait pour tactique la distribution de l'argent, l'achat des bras et des cœurs et la corruption des consciences. Bientôt l'argent devint rare et pour l'acquérir on augmenta les impôts, on pressura la masse imposable, les débiteurs du Kharadj et on fit peser un joug lourd sur la population rurale. Inutile d'embrasser l'islam, les nouveaux convertis appelés « maulà » n'échappaient pas pour cela au mépris des Arabes et au paiement de l'impôt foncier tant qu'ils voulaient conserver leurs terres. Inutile d'entrer dans les ordres, les moines et les prêtres furent imposés à leur tour du djizia, l'impôt personnel. Abou Youssof nous rapporte un écho des protestaions des chrétiens de la Syrie contre les impositions dont ils furent l'objet contrairement aux stipulations consenties au moment de la conquête (6). Nous avons une possession de droit reconnue par le mode d'agir de vos prédécesseurs à notre égard et qui est établie par vos registres; nous ignorons tout comme vous les manières dont les choses se sont passées à l'origine; pourriez-vous donc licitement nous imposer une charge nouvelle et pour laquelle vous n'apportez aucune raison sérieuse et cela en violant un état de choses bien établi, qui dépend de vous et dans lequel nous avons toujours vécu? » Les protestaions furent inutiles et les insurrections furent étouffées dans le sang.

Il faut d'ailleurs reconnaître que la situation de la Syrie, métropole de l'Empire que les Ommeyades voulaient ménager, était enviable par rapport à celle de l'Irak et des autres provinces.

Sous l'invasion d'une fiscalité croissante, la population rurale déserta la campagne et reflua sur les villes, le Calife décréta alors qu'elle fût ramenée à la campagne et forcée d'y rester et de cultiver la terre; les paysans ne purent même plus changer d'un village à un autre parce qu'ils appartenaient à un groupe fiscal déterminé.

(6) Voir le livre précité : l'Impôt foncier, p. 64, chapitre relatif à la conquête de la Syrie et de la Mésopotamie.

I. — *Formation des grands domaines* [7]

Nous avons vu la formation des fiefs au moment de la conquête. Ils se multiplieront sous l'empire des causes suivantes :

1° VIVICATION DES TERRES MORTES. — De grands seigneurs s'emparaient ou recevaient en concession des terres mortes; les deux procédés étaient reconnus licites par la loi; ils les mettaient en valeur à l'aide des esclaves, des prisonniers de guerre réduits en esclavage, et des paysans libres fuyant la persécution de l'agent du fisc et qu'ils pouvaient protéger contre les réclamations du gouvernement.

2° USURPATION. — Ce procédé était couramment employé. Les gouverneurs des provinces, les Califes eux-mêmes, procédant par voie d'autorité, attribuaient à eux-mêmes, à leurs parents et à leurs amis de nombreux villages y compris les habitants, le cheptel et les instruments de culture.

3° PRIX DE PROTECTION. — Souvent, les habitants d'une localité, de toute une région, même, se sentant menacés de l'usurpation ou pour éviter d'avoir affaire aux agents du fisc, prenaient les devants et aliénaient leurs droits au profit d'un prince, du Calife lui-même parfois et se réduisaient en simples colons. C'est l'ancien patrocinium des romains.

4° AFFERMAGE DES IMPÔTS. — Au début de la conquête et sous les premiers Ommeyades, les impôts étaient perçus en régie. Le gouverneur de la province assurait la rentrée des impôts par l'entremise de fonctionnaires payés par lui. Sur le produit de la recette financière, il

(7) Voir l'Histoire de la Civilisation Musulmane, par G. Zeïdan, Vol. II, p. 106-108.

prélevait les dépenses de l'armée et de l'administration, les allocations aux bénéficiaires et aux guerriers, et il envoyait le solde qui restait énorme au Beit ul Mal, au Trésor,placé à la capitale auprès du Calife. La loi religieuse considérait l'affermage comme illicite, mais dès la fin du califat des Ommeyades l'extension des frontières de l'Islam, le développement des pouvoirs des gouverneurs des provinces et leurs velléités d'indépendance obligèrent les Califes d'en accepter un chiffre limité de tribut annuel. Haroûn Al Rachid, à l'apogée de son pouvoir, commença de désigner des gouverneurs pour les provinces lointaines et même proches contre l'engagement de payer une somme annuelle déterminée à titre d'impôts. Ibn Toulon se fit ainsi adjuger la riche province d'Egypte où il fondera un empire. Les gouverneurs sous-affermaient à leur tour à des chefs régionaux et locaux. Bientôt la règle se généralisa et se substitua à la régie.

Lafonction de fermier devint également héréditaire; les fermiers tendirent à être les possesseurs, tandis que les cultivateurs devenaient purement et simplement des colons.

Colonat, fiscalité, exploitation du paysan, tels sont les termes par lesquels nous avons terminé l'étude de la période byzantine et que nous retrouvons moins d'un siècle après sous l'empire des Califes. Est-ce un cercle vicieux ? Non. C'est tout simplement la confirmation de la loi sociologique que nous avons étudiée dans l'introduction de ce livre, à savoir l'influence réciproque du statut foncier et fiscal et du statut personnel.

II. — *Constitution d'une féodalité légale*

L'affermage étaitconcédé au profit des princes de la famille abbasside et aux gouverneurs des provinces. L'arrée continuait à percevoir ses allocations soit directement du Trésor du Califat, soit indirectement de ceux des gouverneurs des provinces. Bientôt la féodalité va recevoir une constitution légale et devenir une institution d'empire.

Ce fut l'œuvre d'un ministre, bon administrateur, intelligent etsage, dit-on, qui administra les affaires de l'Empire pendant vingt ans alors que les Seljeucides Alp Arslan et ses frères régnaient en Syrie et sauvegardaient les intérêts du Califat abbasside contre les entreprises des fatimides du Caire. En 1075 C. et 470 H., ce ministre partagea toutes les terres de l'empire en fiefs d'importance inégale qu'il concéda aux guerriers. Ce fut une institution militaire et une véritable féodalité; mais le but était économique, paraît-il. Nizam el Mulk al Toussi, le ministre en question, disait que les bénéficiaires des fiefs veilleront à la mise en valeur des terres mieux que l'Administration du Trésor et ses fermiers et agents. L'Histoire nous dit que les résultats de l'institution dépassèrent les espérances du ministre et la prospérité fut réelle tellement que tous les nouveaux rois etconquérants maintiendront ce régime.

En fait, les Croisés, arrivés vingt ans après, établirent pour la moitié du pays, de toutes pièces, un régime féodal construit à la française. L'institution passera à travers les Mameluks et les Ottomans jusqu'au milieu du xix⁰ siècle.

III. — *Régime économique de la terre*

Nous connaissons déjà le résultat de l'évolution produite et qui se maintiendra telle jusqu'au milieu du xix⁰ siècle : colonat, fiscalité, exploitations du paysan.

Les premiers Omeyades travaillèrent à la vivification des terres; ils construisirent de nombreuses canalisations au Nord de la Syrie; l'oasis de Damas, le Goutta, leur est redevable de l'une de ses meilleures artères: le canal Yazid qui porte toujours le nom du Calife qui le fit creuser.

Pendant tout un siècle, l'ascendant des Omeyades protégea les frontières et perpétua la sécurité dans le pays, mais bientôt l'étouffement de la réaction anti-abbasside, les guerres entre Abbassides, Toulonides et Fatimides, les invasions byzantines transformeront la Syrie en un immense champ de carnage, et perpétueront l'anarchie dans le gouvernement du pays. Malgré tout, Magdisi, le plus grand géographe arabe, nous décrit la Syrie vers le Xe siècle, et nous la montre dans un état de richesse et de grande prospérité. Ceci nous paraît inexplicable et nous donne à réfléchir sur la vitalité persistante de la nation syrienne, sur ses capacités de travail et d'endurance, sur les ressources inépuisables du sol et sur la grande prospérité que notre patrie peut atteindre à l'abri de la paix, et sous la vigilance d'un gouverneur sage et prévoyant.

SECTION VI

Les croisades

Le 21 octobre 1098, les Croisés apparurent sous les murs d'Antioche, y pénétrèrent le 3 juin après un blocus de 8 mois, puis suivirent une marche triomphale pour occuper toutes les villes de la côte, la Palestine, une partie de la Transjordanie, du Hauran et des plaines du Nord. Au début, les Croisés appliquèrent les principes de

(8) Voir la Syrie par le P. Lammens, Vol. I, ch. XI, p. 235 et suiv.
Voir l'Histoire de Syrie, par R. Tourim, p. 237 et suiv.

la guerre antique; une partie de la population indigène dut émigrer faute de se soumettre et d'accepter le fait accompli; ils usaient des droits de la conquête. En fait, la grande majorité des musulmans abandonna les régions occupées par les Francs pour y revenir dans la suite (9). « A ce début, dit le P. Lammens, la guerre, l'inexpérience des nouveaux venus qui, sans préparation, allaient écrire le premier chapitre de la colonisation européenne, la faiblesse du pouvoir central, tous ces facteurs ont créé fatalement des malentendus, fait commettre des erreurs, entraîné des dénis de justice ».

Les « Assises de Jérusalem », contenant la charte de l'Etat franc, étaient animées d'une inspiration libérale et en avance de plusieurs siècles sur l'Occident féodal.

Le régime appliqué à la terre fut la féodalité, conçue disent les historiens, et organisée d'une manière plus libérale que la féodalité européenne. D'ailleurs ce n'était pas une innovation en Syrie, mais une substitution à l'organisation féodale créée, vingt ans avant, par le ministre Seljoucide.

Les fiefs, d'importance inégale, étaient divisés en casales. Les casales comprenaient de vastes domaines composés de villages et hameaux et étaient subdivisés en charrues ou gastines. Les charrues mesuraient 31 hectares environ. Les Croisés, comme les conquérants arabes, avaient la guerre pour carrière et s'abstenaient des travaux de la terre. Ceux-ci furent la besogne des serfs ruraux et toute la population indigène de la campagne fut réduite au servage. Les casales étaient administrés par un intendant du seigneur appelé raïs, sorte de cheik de village; d'ordinaire il appartenait à la religion de la majorité deses administrés et pouvait être musulman ou chrétien, selon les localités.

(9) Voir l'Histoire précitée du P. Lammens, p. 266.

La condition des serfs était analogue à celle des fiefs des princes syriens et partout moins dure que celle de la même classe en Europe. On leur reconnaissait le droit d'acquérir la propriété de leurs lots et d'accéder à la liberté; ils pouvaient abandonner les domaines sans y être ramenés de force. Mais en fait, les serfs étaient rivés à la terre à perpétuité et tout était combiné pour rendre l'accession à la propriété illusoire et impossible.

En essayant de connaître l'état économique et de saisir l'âme de la classe paysanne de ces siècles tant dans les Etats francs que dans les Etats musulmans, nous sommes étonnés de constater une certaine prospérité et un bien-être non seulement dans les classes commerçantes et industrielles, mais aussi dans la grande masse de la population rurale. « Les caravanes musulmanes, dit Ibu Jobair, pénètrent sur les terres franques, se croisent en route avec les convois de prisonniers chrétiens, amenés sur les marchés de l'Islam »; et il décrit ailleurs la prospérité de certains villages. « Nous traversâmes une suite de villages, d'exploitations, se succédant les unes aux autres. Tous habités par des musulmans qui vivent dans un grand bien-être sous les Francs. Allah nous préserve d'une pareille tentation! Ils leur abandonnent la moitié de la récolte à l'époque de la moisson, se bornant à percevoir la capitation d'un dînâr et cinq kirâts. Les Francs n'exigent pas davantage, sauf un léger impôt sur les arbres. Les musulmans sont propriétaires de leurs habitations et s'administrent comme ils l'entendent. C'est la condition de tout le territoire occupé par les Francs sur le littoral de la Syrie et dans les districts, bourgs et villages tous peuplés par des musulmans ».

Il paraît que la classe paysanne de cette période, dans toute la Syrie, démoralisée par l'anarchie, la servitude et les calamités de tous genres, était réduite à un esprit de fatalité et à une résignation mortelle. La charrue entraîne la soumission, disait le Prophète, et le paysan courbé sur la charrue n'entendait plus le fracs des épées et les cris de guerre.

Les Francs partis après deux siècles de séjour et de résistance. Qu'en resta-t-il ?

L'activité commerciale déclanchée entre l'Orient et l'Occident persistera et les caravanes portant les produits des Indes et de l'Europe continueront de traverser le désert de la Syrie entre la mer et l'Euphrate et d'enrichir les villes jusqu'à l'ouverture du canal de Suez. La terre franque embrassera le régime féodal en vigueur dans les autres parties de la Syrie. Quant aux autres institutions franques, elles disparurent au souffle du désert.

CHAPITRE IV

———

La période Ottomane

———

Avant les Turcs, la Syrie connut les dévastations des Turcomans. Après le règne brillant de Noureddine et de Saladin, elle fut soumise aux Mamelouks pendant trois siècles. C'était une tourbe d'esclaves touraniens, turcs, circassiens enrôlés à la solde des souverains d'Egypte qui les envoyaient pour gouverner la Syrie et qui y perpétuaient l'anarchie et accumulaient les ruines.

Le pays fut divisé en six gouvernements appelés nyabats et administrés par un naïb, un représentant du souverain. Sous En Nacer et son naïb de Damas, l'émir Tenkiz, la Syrie connut trente ans de paix et de sécurnté relative (1312-1340). Ce naïb intelligent et sage s'occupa, paraît-il, du développement économique et de l'amélioration de l'agriculture; il encouragea la sériciculture. Pour le reste de cette pénible période, nous nous associons au jugement du savant Père Lammens (1). « L'histoire de cette période est une des plus lamentables pour la Syrie exploitée au profit d'une caste d'esclaves touraniens, dont

(1) La Syrie, par le P. Lamemns, Vol. II, ch. I, p. 8 et suiv.

certains ne savaient pas même signer leur nom. Leurs convoitises, leur impéritie accélérèrent la marche de l'appauvrissement, d'une décadence, désormais irrémédiables puisqu'aux Mamelouks devaient succéder les Ottomans. C'est un spectacle déconcertant que cette longue servitude d'une race intelligente, courageuse aussi, et se courbant sous le joug d'une horde d'esclaves. L'oppression des Abbassides et des Fatimides avait accompli son œuvre... Les annales de ces deux siècles se résument en une série de pronunciamentos, de félonies, de révolutions de palais... C'était l'instabilité gouvernementale, l'anarchie... Quel devait être le sort de la misera contribuens plebs, écrasée d'impôts, de réquisitions, de levées militaires? On imagine l'intérêt que pouvaient lui témoigner cette tourbe d'aventuriers ».

Pour comble de malheur, les Mongols venaient de l'extrémité de l'Asie achever la destruction du pays. De 1296 à 1304, Gazân dévasta toutes les plaines entre Homs et Alep et disparut derrière l'Euphrate. Cent ans après, en l'année 1400, Tamerlau et ses hordes barbares, après avoir sauvagement saccagé Alep et Damas et déporté la population des villes incendiées à sa capitale Samargaud, dévasta la campagne et les villages. Les bédouins affamés sortirent de leurs repaires et achevèrent d'anéantir ce qui avait échappé aux Tartares.

L'impossibilité de faire les semailles à cause des invasions, l'appariton des sauterelles, causèrent la famine; on vit des scènes d'anthropophagie. La peste fit son apparition et ses ravages; enfin les débris de la population s'enfuirent en Egypte et au Liban. La Syrie d'Alep à Damas se trouvait dépeuplée et le désert envahissait les champs.

En 1516, année funeste, le dernier Mamlouk Gansoû Gouri, trahi par ses naïbs, fut écrasé sous la charge de la cavalerie ottomane commandée par Sélim Ier à Marj Da-

bik. Les villes syriennes firent leur reddition à la première sommation; Damas essaya de résister puis elle
se soumit.

Sélim Iᵉʳ maintint les niabas, nomma un gouverneur
turc pour la province d'Alep et confia tout le reste de
la Syrie à un félon, Ghazali, l'ancien naïb de Damas. Celui-ci se montra bon administrateur, réprima le brigan-
dage, établit partout la sécurité, fit dresser le cadastre et
fixa la répartition des impôts. A la mort du Sultan, le
naïb de Damas se fit proclamer Sultan à la Mosquée des
Omeyades et se déclara indépendant. Mais l'armée turque conduite par Ferhard pacha lui infligea une san-
glante défaite à Gâboun. Des fonctionnaires turcs occupèrent tous les nyabas et les Jannissaires purent, dans
la répression, déployer toute leur barbarie (1520).

SECTION I
De la conquête
à la publication du code foncier 1274
Le règne du Janissaire

Nous allons étudier l'état de la terre pendant cette période sous le triple point de vue administratif, juridique
et économique.

I. — *Régime administratif*

La Syrie fut divisée à la suite de la répression de la
révolte Gazali en trois pachaliks subdivisés en saudjacs.
Le pachalik de Damas comprenait dix saujaes, celui de
Tripoli cinq et celui d'Alep neuf. A la fin du XVIIᵉ siècle,
le nombre des pachaliks fut porté à cinq par l'élévation
de Saida et de Jérusalem. En outre, deux pachas com-

mandaient l'un à Palmyre sur l'Euphrate, l'autre à Adjloun en Transjordanie pour maîtriser les tribus nomades.

La nomination des pachas se faisait par voie d'affermage des impôts du pachalik ordinairement au plus offrant; c'était l'ancienne règle abbasside. Le pacha assurait la perception pour son propre compte de tous les impôts personnels, il y en avait même sur les célibataires, des taxes d'octroi et autres, de la dîme des terres mamloukes appelées ouchrié, et des droits de douane. Il devait sur le produit de la recette payer le tribut promis à Constantinople et les frais de l'administration; il s'appropriait le solde, souvent énorme.

La perception de ces impôts divers, déduction faite de ceux des terres amiriés, se faisait à son tour par voie d'affermage au plus offrant. Du Sultan, à Constantinople, au plus humble village du Haurân il y avait une chaîne ininterrompue de fermiers et de sous-fermiers appelés multezims; et l'impôt perçu du pauvre paysan augmentait à chaque anneau d'une prime nouvelle constituant le bénéfice du titulaire. C'est une boule de neige qui descend la pente de la montagne en grossissant.

Le pacha dans sa province réunissait en sa personne tous les pouvoirs civils et militaires: il était omnipotent.

II. — *Régime juridique de la terre* (²)

Le dernier Khalife abbâsside Motawakil accompagnait le roi Gansoû Ghouri dans la journée de Dabik (24 août 1516). Sélim Iᵉʳ mit la main sur lui et le traîna à Constantinople où il mourut. Sélim Iᵉʳ et tous les Sultans après lui prétendirent que le Calife prisonnier céda le Califat avec tous ses droits et prérogatives au profit du vain-

(2) Voir sur ce point le rapport des Services fonciers du H. C. qui contient une ample documentation.

queur de Dabik, cession qui demeure contestable sous le double point de vue historique et juridique.

A ce titre, l'Etat ottoman se substitua au Calife dans les droits de la communauté musulmane. En ce qui concerne le régime de la terre il maintint les principes généraux du Droit musulman, qui en forment l'ossature, et y introduisit certaines règles nouvelles.

I. — Une partie des terres fut partagée et donnée en pleine propriété; une autre partie resta au même titre entre les mains des anciens possesseurs. Ces deux catégories de terres, à l'exception de celles des villages, furent soumises et à la dîme et à une redevance fixe appelée « Moukataa » et connues désormais sous le nom de « Aradi Ouchrié ».

Les terrains des villes, les maisons d'habitation et les terrains qui en constituent le complément furent dispensés de tout impôt et demeurèrent la propriété absolue des possesseurs.

II. — Les terres mortes « mewat », c'est-à-dire celles qui de mémoire d'homme ne furent pas appropiées et qui se trouvent à une longue distance des lieux habités ne pourront désormais être appropriées qu'en vertu d'une autorisation expresse du souverain et dans les conditions fixées par la loi religieuse. La vivification, condition de l'appropriation, ne pourra conférer que le « tassarouf », la possession et jamais le « rakaba », le dominium. Le domaine éminent restera au souverain et la terre mewat vivifiée sera classée parmi les terres amiriés.

C'est la thèse Hanafite relative à la nécessité d'une autorisation préalable qui a été adoptée. En outre, la vivification entreprise par le musulman ne conférera que le tassarouf comme celle faite par le non musulman.

III. — Les terres mahmiés sont les bois, pâturages, aires, etc., qui appartenaient aux collectivités et aux villages. Elles reçurent le nom de terres « matroukés » abandonnées. Cela signifie que l'Etat en acquit le domaine éminent tandis que la simple jouissance fut abandonnée aux collectivités en question.

IV. — Les terres mewkoufés sont les terres dédiées à des fondations religieuses ou d'utilité publique et constituées en wakoufs, c'est-à-dire déclarées inaliénables. Certaines de ces terres étaient d'origine « mulk », pleine propriété; d'autres étaient d'origine « amirié »; et comme le wakouf ne peut être régulièrement constitué que sur un bien mulk, objet de pleine propriété; comme il convenait d'autre part de maintenir l'affectation des terres irrégulièrement constituées en wakoufs pour sauvegarder les droits acquis, la première catégorie fut appelée « les wakoufs Ghair Sahih, irréguliers ».

V. — Les terres « amiriés » du Prince. — Le droit de conquête fut appliqué à toutes les autres terres; elles furent attribuées en pleine propriété à Beit ul Mal, Trésor public, constituées en wakouf au profit de la collectivité musulmane et laissées à la disposition du souverain en saqualité d'administrateur des biens de la communauté. Elles furent dénommées terres amiriés, c'est-à-dire du prince.

Ces terres furent divisées en deux catégories : 1° la première constitua l'apanage du souverain, son domaine propre « Hawassi Hamayoni » ou bien l'apanage des grands dignitaires de l'Empire « Hawassi Vuzara »; 2° la seconde catégorie fut partagée en fiefs d'importance inégale et attribuée aux militaires de l'Empire. Le fief s'apelait « timar » lorsque le revenu de la terre variait entre 3.000 et 20.000 aspres; il était dénommé « zeamat » lorsque ce revenu allait de 20.000 à 100.000 aspres ».

Les terres memloukés, mewat, matroukés et les wakoufs sahih restèrent soumises aux dispositions de la loi religieuse, c'est-à-dire du Droit musulman et de la coutume. Par contre, les wakoufs, Ghair sahih et les terres amiriés constituèrent l'objet d'une législation spéciale commencée par la loi des terres « Kanoun-Arazi », en 955-975, sous Souléman le Législateur et complétée par un décret impérial daté de 1191 du Sultan Abdul Hamid Ier et d'un autre décret du Sultan Sélim III, daté de 1207 H.

Nous allons étudier brièvement les lois en question.

Droits et obligations des titulaires des fiefs. — Ces titulaires appelés les uns « Askab Timar », les autres « Askab Ziamat » étaient liés envers l'Etat par un lien militaire et des obligations de même nature. En temps de guerre, ils devaient, outre leur service personnel, équiper un cavalier à raison de 3.000 aspres et autant de cavaliers qu'il y a cette somme dans le revenu évalué de leurs fiefs ».

Ils avaient par contre des droits entiers de jouissance sur les terres du fief pendant toute la durée de la concession, correspondant à celle de leurs fonctions, droits transmissibles à leurs héritiers mâles qui ne pouvaient être que les descendants sous les mêmes charges et les mêmes obligations. En cas de déshérence la terre revenait à l'Etat.

Droits et obligations des cultivateurs de la terre. — Les paysans étaient liés au titulaire du fief par un contrat original que la doctrine hanafite qualifiait et qualifie toujours de contrat de location, je veux dire, de louage de la terre au cultivateur. C'est une erreur car nous verrons que ce contrat n'est ni un louage de biens, ni un fermage, ni un métayage, mais un contrat *sui generis* destiné à prendre un grand développement et à devenir un droit réel, ce que nous traiterons dans la seconde partie de ce livre à propos de l'étude du droit de « tassarouf ».

Moyennant la concession d'une terre, le bénéficiaire du fief recevait une taxe fixe annuelle et des redevances

en nature. Il exigeait du paysan certaines corvées. Enfin il était maître de la situation et pouvait résilier le
contrat à tout moment et mettre le concessionnaire en
dehors de ses terres.

Le paysan, outre la taxe, les redevances en nature et
les jours de corvées, devait travailler la terre et ne pas
la laisser en friches. Cette stipulation tacite de mise en
valeur constituait la cause juridique du contrat inter-
venu entre le bénéficiaire de la terre et son travailleur.
Elle restera à la base de la législation syrienne relative
aux terres amiriés.

Le concessionnaire acquérait ainsi le droit de jouir
de la terre normalement et en bon père de famille. Ce
droit constaté par un titre délivré par le bénéficiaire
du fief était d'abord précaire. Bientôt, sous l'influence
des nécessités économiques il devint viager, puis transmissible par voie successorale à titre onéreux et aux
descendants uniquement. Ces dispositions résultaient
déjà de la loi de l'année 956-975. L'évolution de ce droit
continua sous la poussée des mêmes causes économiques. La succession devint gratuite au profit des descendants de sexe mâle tandis que ceux de sexe féminin
obtinrent le privilège d'acquérir les terres de leurs auteurs décédés sans descendance masculine, de préférence à toute autre personne et moyennant l'obligation
d'en payer le juste prix évalué par des experts.

Ce droit de préférence appelé « Tabo » fut étendu par
des lois postérieures d'abord aux frères et sœurs consanguins, ensuite à la mère, aux frères et sœurs utérins,
aux ascendants, enfin dans le cas de déshérence aux copossesseurs et aux voisins.

En même temps que transmissible par voie de succession, ce droit tendait à devenir cessible par l'effet des
contrats. La nature du contrat qui liait le cultivateur
au bénéficiaire du fief ou à l'Etat excluait toute possi-

bilité de cession. Mais les entraves de la loi constituent une digue trop faible devant les nécessités économiques. Les ventes illégales furent tolérées par les « Askab Arazi » confirmées par la prescription et consacrées par la coutume.

Après deux siècles, l'évolution avait transformé le droit précaire et personnel du cultivateur du sol en droit réel cessible par l'effet des contrats et transmissible par voie successorale. La sujétion du paysan était devenue illusoire et le droit du bénéficiaire du fief réduit à une simple taxe et à certaines redevances. C'est alors que l'Etat obéissant à des mobiles politiques et militaires plus qu'économiques, supprima l'institution féodale des jonissaires et organisa l'armée suivant des règles nouvelles en èn payant la solde du Trésor. La loi de 1255 H qui réalisa la réforme, décida que les possesseurs des terres amiriés relèveront directement des régisseurs et percepteurs des domaines. Ceux-ci furent chargés de délivrer des titres attestant la possession à l'occasion des concessions et mutations à venir. Cet état des choses persistera jusqu'à l'année 1275, date de publication du Code foncier.

III. — *Etat économique de la terre*

Au point de vue technique, le progrès ne peut accompagner la servitude; les instruments de culture restèrent ce qu'ils ont toujours été.

Les écrits des historiens de l'époque et les récits des voyageurs nous décrivent l'agonie du pays. Plusieurs villes de la côte Jaffa, Gaza, Tyr étaient réduites à des monceaux de ruines. Homs et Hama ne formaient plus que de misérables villages dequelques centaines d'habitants. Damas déclinait et seul le passage des pèlerins de la Mecque lui apportait une certaine animation tous les ans. On voyait la vigne un peu partout et des traces de la culture du coton, du mûrier, de la canne à sucre et du riz. Mais la grande culture des céréales s'était rétrécie, les fertiles plaines du Nord étaient désertes.

Les pachas durant trois siècles avaient exploité les villages et les villes; leurs guerres continuelles et les invasions des étrangers avaient dévasté la campagne. C'était le règne du Janissaire et jamais herbe ne pousse où le cheval turc foule la terre.

SECTION II

De l'année 1275 H. au rétablissement
de la constitution
Les tentatives de réforme

Le Sultan Abdul Méjid II, en même temps qu'il supprimait les timars et ziamats en 1255 H. et 1839 C., promulguait le Tanzimat. C'est une charte constitutionnelle par laquelle il promettait, à tous les ressortissants de l'Emipre, des droits et des garanties. La situation du pays était si pénible que ce Sultan écrivait de sa propre main aux ministres : « Je ne puis, malgré tous les efforts que j'ai déployés, dire que j'ai réalisé mon but; même la réforme militaire ne peut être solide que si elle reposait sur la prospérité générale du pays. Ceci m'inspire une tristesse profonde : c'est pourquoi je vous ordonne, mon ministre, vous et tous mes autres ministres, de réfléchir et de vous entendre de commun sentiment sur toutes les réformes à réaliser pour assurer la prospérité matérielle de mon peuple ».

C'est avec un esprit nouveau dans l'administration de l'Empire que le Code foncier fut promulgué en 1275 H.

bientôt suivi par plusieurs réformes législatives, administratives et financières.

1. — *Analyse de la loi de 1275 H.*

La loi nouvelle maintint l'ancienne classification des terres et leur nature juridique. En ce qui concerne la catégorie des terres amiriés, elle innova les dispositions suivantes :

Une administration spéciale dénommée Tapou ou Cadastre fut créée et chargée de délivrer des titres aux occupants des terres en remplacement de ceux délivrés par les anciens feudataires ou après eux, par les régisseurs et percepteurs des finances.

Le droit de succession fut étendu aux frères et sœurs consanguins et utérins puis aux ascendants et au conjoint survivant; le droit de préférence, Tapou, fut également accordé à de nouveaux bénéficiaires.

La faculté de céder son droit fut reconnue à l'occupant expressément et consacrée par l'obligation d'en effectuer le transfert au bureau du Tapou.

Enfin inspiré par des considérations juridiques et économiques, le législateur édicta une longue réglementation tendant à assurer la culture du sol et à le protéger de toute détérioration susceptible d'y causer une moins-value. Le fait de laisser la terre en friche pendant trois années consécutives et sans excuse légale la plaçait en état de vacance et en faisait retour à l'Etat.

Le nantissement des terres amiriés en garantie des dettes de l'occupant était interdit ainsi que l'expropriation forcée des dites terres pour payer les dettes du débiteur; l'occupant du sol n'étant pas propriétaire, le législateur, sous l'influence de la conception du droit musulman, considérait que le droit né au profit de l'occupant ne constituait pas un élément de son patrimoine et une garantie de son passif. L'occupant pouvait se servir du crédit que donne la terre par voie de vente à réméré et de mandat irrévocable uniquement (art. 115 et suiv. C. F.). Les lois du 23 Ramadan 1286, du 21 Ramadan 1288 et du 15 Chaoual 1288 introduisirent progressivement dans la législation une hypothèque imparfaite au profit de l'Etat et des créanciers ordinaires.

De même, la jouissance exclusive de l'occupant, caractéristique de tout droit privatif sur la terre, n'était pas solidement consacrée. Un usurpateur d'une terre amirié ne devait aucune réparation à l'occupant, pourvu qu'il ait payé les impôts à l'Etat et n'ait causé aucun préjudice au sol.

II. — *Réformes diverses*

La loi religieuse qui régit les autres catégories de terres était éparse dans les recueils de la jurisprudence et du Droit musulman. Un cadi pouvait baser son jugement sur une opinion tirée d'un écrit de l'une des quatre écoles orthodoxes; et comme souvent une école voit blanc ce qu'une autre voit noir, il en résultait de larges aléas pour l'arbitraire. Aussi le Sultan ordonna que la loi religieuse fût codifiée; ce qui fut accompli en 1869 et 1286 sur la base de la doctrine hanafite.

Des codes pénal, de procédure pénale et civile, de commerce furent empruntés à la législation française après de légères modifications.

De même l'organisation administrative fut inspirée des lois adminstratives françaises, les circonscriptions furent restreintes en étendue et les attributions des fonctionnaires furent accrues.

Mais on ne peut dire que la sécurité régna dans la campagne car les tribus nomades continuèrent leurs ravages partout, notamment pendant la saison d'été au moment des récoltes.

III. — *Condition économique de la terre*

Au point de vue fiscal, la condition de la terre fut quelque peu améliorée. La terre fut grevée dorénavant de deux impôts :

1° Un impôt sur le revenu, la dîme, qui, fixé d'abord à dix pour cent de la récolte, fut augmenté successivement et pour des raisons diverses jusqu'à douze et demi pour cent; il était perçu par voie d'affermage et affecté au Service de la Dette publique.

2° Un impôt sur le capital, c'est-à-dire sur le prix évalué de la terre; le taux en était 4 pour mille pour les terres nues et 8 pour mille pour les terres plantées d'arbres et les constructions; il s'appelait le virgo et était perçu directement par l'entremise d'agents percepteurs.

Le paysan devait également payer un impôt léger pour la construction des routes et des taxes diverses sur son cheptel.

Dans le domaine purement économique, la construction des voies ferrées et des routes carossables mit en communication les riches plaines du Haurau, de Homs et d'Alep, avec la mer et permit au paysan de transporter ses céréales moyennant des frais réduits et de les vendre à bon prix. Le développement de l'exportation des produits agricoles encouragea l'extension de la culture maraîchère et des arbres fruitiers sans parler de celle du coton et surtout celle du mûrier pour les vers à soie. L'examen des statistiques de l'exportation syrienne dans les cinq années qui précédèrent la grande guerre nous permet d'affirmer que sous toutes les influences sus-indiquées, l'agriculture allait entrer dans une période de grande prospérité.

Cependant, l'émancipation de la classe paysanne et de la terre était loin d'être achevée.

Lorsque, au lendemain de la loi de 1275, les paysans libérés du régime féodal se trouvèrent face à face avec l'Etat et furent appelés à prendre du service de Tapou des titres attestant leur droit sur les terres qu'ils occupaient, ils étaient trop pauvres et trop ignorants pour savoir conserver leurs droits et bénéficier de leur liberté. C'est alors que les aristocrates ambitieux des cités, les anciens bénéficiaires des fiefs, les fermiers de la dîme, les flatteurs des valis, les commerçants en relations avec la campagne et les usuriers apparurent sur la scène. Tous les moyens étaient licites à leurs yeux pour commettre une vaste escroquerie. Tantôt ils recouraient à la corruption des fonctionnaires du Tapou; ce n'était pas difficile ! Parfois ils se présentaient aux paysans comme protecteurs ; ils leur faisaient croire que l'Etat employait ce moyen pour les écraser dans la suite sous le poids des impôts, pour les enrôler comme soldats à la place des anciens feudataires et ils offraient généreusement de leur prêter leurs illustres noms et de s'interposer entre eux et l'Etat pour les protéger. Souvent ils achetaient quelques hectares de terre et, de connivence avec le fonctionnaire de Tapou, ils inscrivaient sur leurs titres les limites du village entier comme limites de leur petit champ ; et un beau jour ils se présentaient au village comme maîtres et propriétaires et ils ne se souciaient pas de la légitimité des moyens pour imposer leur autorité et confirmer leur usurpation.

Section III

De la constitution 1908 à l'armistice 1918

La loi foncière de 1275 qui marquait à son époque un grand progrès malgré ses imperfections, cessa d'être en harmonie avec les nécessités du progrès économique. Depuis le rétablissement de la Constitution, les députés firent appel au Gouvernement et réclamèrent une réforme du régime des terres. Mais le parti religieux du Parlement, les Ulémas, firent échec à toute tentative de ce genre. C'est alors que le Premier Ministre Mahmoud pacha procéda par voie de décrets-lois provisoires et promulgua les six lois suivantes :

1° Décret du 11 Rabi Aoual 1331, sur le recensement et la délimitation de la propriété foncière ;

2° Décret du 27 Rabi Aoual 1331, sur le droit successoral en matière de terres amiriés.

3° Décret du 1 Rabi Aoual 1331 sur l'hypothèque ;

4° Décret du 5 Jamad Aoual 1331, sur la possession des immeubles.

5° Décret du 3 Rabi Sani 1331, sur la capacité des personnes morales de posséder des immeubles ;

6° Décret du 14 Mouharram 1332, sur le partage des immeubles.

Ces lois nouvelles ne changèrent rien aux conceptions fondamentales du Code foncier et réglèrent des questions spéciales. Il y a lieu d'attirer l'attention, tout particulièrement, sur la loi sur la possession des immeubles qui consacre définitivement les droits de l'occupant du sol et constitue la base fondamentale du droit appelé « tassarouf » que nous étudierons plus loin. Quant à la loi sur le recensement et la délimitation il est regrettable que la guerre mondiale en ait empêché l'application.

Au point de vue économique la Grande Guerre porta des coups pénibles à l'agriculture syrienne. Il est vrai que l'élévation exagérée des prix des céréales permit de vendre celles de la Syrie à des prix avantageux et d'accumuler un stock d'or considérable dans le pays. Mais la terre perdit sa richesse la plus précieuse, l'arbre. A défaut de houille, les débris des forêts furent coupés et livrés en combustible aux locomotives ; et la terre en souffre cruellement par suite de la diminution des pluies et de l'augmentation de la sécheresse. De même, des milliers de personnes succombèrent soit sur les champs de bataille, soit de la famine, et la main-d'œuvre devint de plus en plus rare et coûteuse.

CHAPITRE V

______

La Période du mandat français (1920...)

______

Il n'y a rien à noter sur la courte épopée de l'indépendance et de sa fin douloureuse. Certains décrets furent publiés à cette époque pour organiser provisoirement les bureaux fonciers. Mais le temps et les moyens manquaient pour prendre des mesures capitales ; la tâche en resta entière à la Puissance mandataire.

Les Obstacles *:* Le Statut organique du Mandat délivré par la Société des Nations se fit longtemps attendre. Le Traité de Lausanne réglant le démembrement définitif de l'Empire Ottoman imposait le maintien en vigueur de la législation ottomane pendant les trois années qui suivent la signature de ladite convention.

D'autre part, certaines régions de la Syrie ne furent pas immédiatement pacifiées. La guerre contre les Ansariés et les tribus du Nord persista pendant deux années après l'occupation de Damas. En même temps les luttes entre les tribus bédouines elles-mêmes au Nord et au Sud, désolaient les plaines de Homs et de Hauran et ruinaient les villages avancés dans le désert. Il fallait en même temps organiser les Pouvoirs publics du pays et définir leur compétence législative. Enfin, le Trésor était vide et ne permettait pas d'entreprendre immédiatement des réformes capitales toujours très coûteuses.

Les Réalisations : Cependant la situation de la campagne et la condition de la classe rurale étaient graves. On s'en rendit compte et l'on résolut de procéder par voie de réformes partielles en attendant de pouvoir entreprendre la refonte générale de la législation ottomane.

Une Commission d'études foncières créée au Haut-Commissariat présenta un rapport complet sur la situation foncière en 1921 et préconisa un programme de réformes partielles immédiates et de réformes capitales à réaliser postérieurement. Aussitôt après, plusieurs arrêtés furent promulgués :

1° Arrêté N° 951 du 9 juillet 1921 sur la réorganisation de l'inspection générale des Services fonciers.

2° Arrêté N° 1329 du 20 mars 1922 sur le régime hypothécaire.

3° Arrêté N° 2547 du 7 avril 1924 sur le droit de possession des personnes morales.

4° Arrêté N° 1443 du 10 juin 1925 sur le Domaine public de l'Etat.

5° Les quatre arrêtés N°s 186, 187, 188, 189 sur la délimitation et le recensement des immeubles et sur l'institution d'un registre foncier, tous du 15 mars 1926.

6° Arrêté N° 217 du 29 mars 1926 portant création d'un Contrôle général des Services fonciers pour tous les pays sous Mandat français.

7° Arrêté N° 275 du 5 mai 1926 sur le domaine privé immobilier de l'Etat, sa constitution, sa gestion et son aliénation.

Il est inutile de mentionner une foule d'arrêtés d'importance secondaire.

Enfin un projet de Code de la Propriété condensant les dispositions éparses dans le Méjellé, dans le Code foncier de 1275 et dans les lois postérieures, inspiré par l'esprit général de la législation en vigueur et présenté sous une forme nouvelle a été déposé aux Bureaux du Haut-Commissariat ; il sera probablement promulgué avant l'apparition de cet ouvrage.

Nous sommes redevables de la nouvelle législation à M. Gennardi, Contrôleur général des Services fonciers près le Haut-Commissariat. Etabli en Syrie depuis 1920, il fit partie de la Commission d'Etudes à laquelle nous avons fait déjà allusion, rédigea les parties juridiques et législatives du Rapport général présenté en 1921 et persista dans son œuvre et ses études avec un zèle et un dévouement inlassables. Il est juste et il nous est agréable de rendre hommage à son zèle dévoué, à son exacte compréhension de la législation en vigueur, des besoins du pays et des réformes nécessaires, enfin à la conception élevée qu'il a de la grandeur et de l'importance vitale pour la Syrie de la réforme entreprise.

Dans le domaine financier la réforme fiscale marche de pair avec la réforme foncière. L'affermage de la dîme fut aboli à partir de l'année 1925. Cet impôt fut dès lors perçu en argent par les agents du fisc sur une base fixe déterminée sur la moyenne résultant de la dîme des quatre années précédentes.

Enfin une loi d'importance capitale en la matière, fut promulguée en date du 23 mars 1927, arrêté N° 339. Cette loi règle la contribution foncière sur une base nouvelle ; elle entrera en vigueur au fur et à mesure que les opérations cadastrales et les travaux d'immatriculation foncière seront accomplis.

———

DEUXIÈME PARTIE

Le Régime présent de la terre

———

Nous allons étudier brièvement le régime actuel de la serre syrienne, soit au point de vue du statut juridique qui la régit, soit des lois et institutions, dont elle est dotée et qui influent sur sa condition économique.

———

Les terres et les droits réels

On dit qu'il y a en Syrie une mosaïque de religions et de sectes ; ceci est vrai et il faut ajouter une mosaïque de terres et de lois. Aussi pour connaître notre législation foncière, il est nécessaire de s'initier par l'étude des différentes catégories de terres, ainsi que des droits réels dont elles constituent l'objet et le support.

CHAPITRE PREMIER

Les terres

L'article 1 du Code foncier de l'année 1275 H. divise les terres de l'Empire en cinq catégories: 1° Memloukés ou de pleine propriété; 2° Amiriés ou domaniales; 3° Mewcoufés ou dédiées ; 4° Métroukés ou communes ; 5° Mortes ou mewat. La classification du Code ne nous paraît pas exacte scientifiquement parce que les terres communes et mortes ne sont que des variétés des terres domaniales. Dans la rigueur des principes et en envisageant les choses sous l'angle du droit de propriété nous constatons que les terres syriennes appartiennent respectivement à trois titulaires : Dieu, l'Etat, les individus. Aussi les diviserons nous en modifiant la classification du Code en trois catégories : 1° Terres memloukés ou propriété des individus 2° Terres domaniales ou propriété de l'Etat ; 3° Terres mewcoufés ou propriété de Dieu.

SECTION I

Les terres memloukés, propriété des individus

DISTINCTION. — L'article 2 du Code foncier énumère quatre espèces de terres memloukés qui sont :

1° Les terres situées dans les limites des villes et des villages bâties ou non bâties, et celles qui s'étendent sur la lisière de ces circonscriptions dans un périmètre d'un demi denum (1) et sont considérées comme complément d'habitation.

La restriction d'un demi denum de surface s'applique aux terres qui contournent les limites des villes et des villages et non à celles sises à l'intérieur de ces limites quelle que soit leur étendue; elle a été édictée par le législateur ottoman contrairement au Droit musulman pour empêcher les abus des propriétaires qui annexaient de vastes étendues de terre amirié à leur maison à titre de terre memlouké.

(1) Demeur est une mesure de superficie qui correspondait anciennement à 919 m2 30 et qui correspond actuellement à 2.500 m2 ou 25 ares.

De même, il faut entendre par complément d'habitation la surface considérée comme indispensable pour faciliter et compléter la jouissance de l'habitation et qui en constitue par conséquent l'accessoire.

La doctrine et la jurisprudence en vigueur considèrent que cette disposition s'applique aux villes et villages qui existaient au moment de la promulgation de la loi et non aux localités construites postérieurement à cette date sur des terrains amiriés. Pour ces dernières la terre sera toujours considérée comme amirié sauf dérogation expresse accordée par l'Etat dans le but d'encourager la vivification de la terre et l'édification de villes nouvelles.

Cette disposition de la loi s'explique par des raisons historiques. De toute antiquité les conquérants épargnaient les cités et expropriaient le sol de la campagne Les Arabes et les Turcs ne dérogèrent pas à cette règle. C'est pourquoi les terres urbaines demeurent la propriété de leurs possesseurs.

2° Les terres qui furent distraites du domaine de l'Etat et vendues à titre de pleine propriété dans les cas et les conditions prévus par la loi religieuse.

Conformément à l'article 58 du Méjellé (2) cette cession n'est légitime que lorsqu'elle répond à un intérêt évident de l'Etat : payer ses dettes à défaut d'autres ressources, éviter un préjudice qui résulterait du maintien de la terre dans le domaine, la vendre à une somme double du prix normal. Mais les jurisconsultes considèrent que cette énumération n'est pas limitative et que l'Etat reste juge souverain des cas où l'aliénation

---

(2) Le Méjellé : c'est le coed civil ottoman; il traite spécialement la matière des obligations et conitent les principes fondamentaux de la législation civile; il est le résultat de la codification des recueils de la jurisprudence musulmane faite en 1869 C et 1286 H.

d'une terre domaniale présente un intérêt évident matériel ou moral.

3° Les terres de dîme « ouchriés ». Ce sont celles qui à l'époque de la conquête ottomane furent partagées entre les vainqueurs et leur furent attribuées à titre de propriété.

4° Les terres « kharadjiés ». Ce sont celles, dit l'article 2, qui à l'époque de la conquête furent abandonnées aux propriétaires originaires qui n'étaient pas de la nation conquérante et qui furent confirmés dans leurs droits. Le « kharadj » ou impôt foncier payé sur ces terres peut être de deux sortes : un impôt proportionnel (moukassama) variant du dixième à la moitié, ou impôt fixe (mouazzaf) déterminé ab antiquo.

A quelle conquête faisait allusion le législateur ottoman de 1275 ?

A notre su cette question ne fut jamais posée pour être résolue. Les commentateurs de la loi de 1275, sans se poser la question, commentèrent toujours ce texte aux lumières du Droit Musulman, comme s'il s'agissait de la conquête Arabe de l'année 634 h et adoptèrent purement et simplement les indications et les conclusions des jurisconsultes de l'époque abbasside.

A notre avis c'est une erreur profonde. Le conquérant de la Syrie en 1516 Sélim I n'est pas le Grand Calife Omar de l'année 639 et la conquête indiquée par l'article 2 du Code foncier est celle des Turcs. Par conséquent les commentateurs sont en erreur d'adopter purement et simplement les dispositions du Congrès de Djâbia telles qu'elles furent entendues et développées par les jurisconsultes de Bagdad.

En effet, quoique le sultan Sélim I ait déclaré se substituer au Calife abbasside Motawakil dans le magistère suprême de la Communauté musulmane, les lois qu'il édictait pour être appliquées en Albanie sur les bords du

Danube, de la Mer Caspienne et de l'Euphrate étaient inspirées par des préoccupations autres que celles qui inspiraient le Calife Omar du début de l'Islam. De même quand on examine la législation foncière ottomane relative aux terres amiriés depuis l'ancien Kamoun Arazi 955, 975, jusqu'aux lois les plus récentes, on voit que si elle descend du Droit musulman, elle n'en est pas la descendante légitime et en ligne directe.

Par conséquent, les terres ouchriés et kharadjiés indiquées par l'article 2 ne correspondent pas nécessairement et totalement à celles qui furent déclarées telles par les conquérants arabes.

Cette discussion ne présente d'ailleurs qu'un intérêt doctrinaire et historique. Toutes les terres de la Syrie situées en dehors des villes et des villages, exception faite des jardins de Damas, Homs, Hama, sont considérées et enregistrées aux Bureaux fonciers comme des terres amiriés. Les possesseurs les déclarèrent telles par ignorance lors des recensements cadastraux de 955 et 1276 sans tenir compte de leur origine et de leur condition exacte. Le retour des terres kharadjiés et ouchriés au domaine de l'Etat pour cause de déshérence contribua également à cette évolution.

DÉFINITION. — L'article 2, alinéa 2me, donne la définition des terres memloukés et détermine leur condition juridique. Ce sont, dit le législateur celles, dont le dominium (Rakaba), c'est-à-dire la propriété entière et intégrale appartient aux individus comme les autres biens ordinaires. Elles sont soumises à la loi religieuse et échappent à l'empire du Code des terres, règle qui n'est plus exacte rigoureusement parce que de nombreuses lois foncières s'appliquent également à toutes les catégories de terres y compris celles de pleine propriété.

Section II

Les terres domaniales (Amériés)
Propriété de l'Etat

Les terres domaniales sont celles dont le droit éminent, Rakaba, appartient à l'Etat et dont la possession « Tassarouf » ou la jouissance « intifaa » sont concédées ou peuvent l'être à titre onéreux ou à titre gratuit privativement aux individus ou collectivement à des collectivités déterminées.

Comme nous le disions au début du chapitre, nous avons groupé sous une même rubrique et une seule définition, diverses sortes de terres domaniales caractérisées toutes par le fait que le domaine éminent en appartient à l'Etat et restées distinctes parce que les possesseurs et les modes de jouissance en sont différents. Aussi la clarté de l'exposé nous oblige d'étudier séparément les diverses sortes de terres domaniales : mortes, métroukés, amiriés.

Il y a lieu d'observer que la législation ottomane confondait souvent le domaine public et le domaine privé de l'Etat et groupait souvent sous les mêmes dispositions du Code foncier des éléments des deux domaines. Ainsi les articles 5, 91 et suivants C. F. considèrent comme terres métroukés, communes, indistinctement les foires, routes, places publiques et les aires, forêts, bois, etc.

Le Haut-Commissariat a posé des notions précises et réglementé cette matière par les arrêtés des 10 juin et 6 novembre 1925 pour le Domaine public, et l'arrêté du 5 mai 1926, N° 275, pour le Domaine privé. Aussi nous semble-t-il nécessaire d'exposer sommairement la nouvelle législation avant d'aborder l'étude des terres domaniales.

I. — *Domaine Public*

(*Arrêtés des 10 juin et 5 novembre 1925*)

Ces arrêtés posent le principe contenu dans l'article 1 que le Domaine public comprend toutes choses qui par leur destination sont affectées à l'usage de tous ou à un service public.

Le Domaine public n'est pas susceptible de propriété, il est inaliénable et imprescriptible. L'Etat lui-même n'exerce pas des droits de propriétaire sur les biens qui le composent, il s'acquitte d'une fonction de garde et de gestion. Sa tâche est d'aménager et d'entretenir ces portions de territoire destinées à l'usage de tous.

Les biens de ce domaine sont répartis entre l'Etat et les municipalités selon qu'ils sont affectés à une utilité nationale ou municipale. La distinction est faite par un arrêté du Chef de l'Etat pris en Conseil des Ministres.

Font notamment partie du domaine public, dit l'article 2 : 1° Le rivage de la mer, les cours d'eau de toute sorte, les sources de toute nature, les francs bords des cours d'eau, les lacs, étangs et lagunes, les chutes d'eau susceptibles de production de force motrice, etc...

2° Les canaux de navigation, d'irrigation, les aqueducs et leurs dépendances, etc., les digues maritimes et fluviales, les lignes télégraphiques et téléphoniques et leurs dépendances, les ouvrages de fortifications militaires.

3° Les routes, rues, pistes, sentiers et moyens de communication de toute nature et leurs dépendances, à l'exception des travaux effectués par les particuliers pour leurs besoins personnels; les chemins de fer, tramways et leurs dépendances; les ports, havres et rades; les ouvrages exécutés dans un but d'utilité publique pour l'utilisation des forces hydrauliques et le transport de l'énergie électrique.

Tous ces biens sont inaliénables et imprescriptibles. Cependant, dit l'article 14, l'Etat ou les Municipalités peuvent autoriser sur leur domaine public, à titre temporaire et précaire et moyennant redevance, une occupation privative notamment au titre d'entreprise.

Il y a concession lorsque l'entreprise est érigée en service public ; il y a permission d'occupation temporaire dans le cas contraire.

La police, la conservation et l'utilisation du domaine public, sont réglées par des arrêtés pris par le Chef de l'Etat en Conseil des Ministre.

II. — *Domaine privé*
(*Arrêté n° 275 du 5 mai 1926*)

Le domaine privé immobilier de l'Etat dit l'article 1 du susdit arrêté, comprend les immeubles bâtis et non bâtis, ainsi que les droits réels immobiliers appartenant à l'Etat en vertu des lois, arrêtés et règlements en vigueur qu'ils soient en sa possession effective ou possédés par des individus.

Contrairement à ses pouvoirs sur les biens du Domaine public où il s'acquitte d'une fonction de garde et de gestion, l'Etat jouit sur les biens du Domaine privé de droits véritables, les mêmes que tout propriétaire possède sur son patrimoine. L'Etat se comporte donc comme un propriétaire ordinaire, ses droits et ses obligations sont régis par les lois civiles.

Composition. — Le Domaine privé se compose de :

1° Les terres amiriés, métroukés et mewat.

2° Les immeubles bâtis et non bâtis tombés en vacance pour cause de deshérence ou de délaissement de culture.

3° Les immeubles séquestrés pour causes politiques et criminelles « moudaouara ».

4° Les portions délaissées du Domaine public.

5° Tous immeubles qui sont ou seront inscrits sur les Registres fonciers ou sur ceux du Service des Domaines et des Administrations publiques au nom de l'Etat.

Comme on le voit les terres amiriés, métroukés et mewat constituent la part la plus importante du Domaine privé.

Condition Juridique des Terres Domaniales. — Elle est déterminée par l'article 3 de l'arrêté en question lequel dispose : Le démembrement, la concession et l'aliénation des terres amiriés, métroukés, des terres en friche, ainsi que des terres mortes non encore reconnues et délimitées, restent régis par les dispositions du Code foncier. L'article 17 de l'arrêté confirme les dispositions générales du Code foncier en soumettant à l'autorisation préalable tout acte tendant à la mise en valeur d'une terre domaniale.

Gestion du Domaine. — La gestion des immeubles affectés à un service public est assurée par le Service affectataire. Ces immeubles font retour au Service des Domaines dès qu'ils cessent d'être utilisés en vue de leur ancienne affectation.

Par contre, la Direction des Services fonciers et des Domaines est l'Administration chargée des soins de la surveillance et de la gestion de tous les autres biens du Domaine privé sauf des forêts. Elle le fait sous l'autorité du Ministre des Finances.

L'idée principale qui a inspiré la préparation et la promulgation de l'arrêté en question est la nécessité de mettre en valeur les terres domaniales. Des procédés nombreux de lotissements, de location emphythéotique, de vente, y sont imaginés pour propager la petite et la moyenne propriété rurale. Aussi ferons-nous mieux de les étudier dans la partie économique de cet ouvrage.

Cet exposé sommaire de la nouvelle législation relative aux domaines de l'Etat va éclairer et faciliter notre étude des terres domaniales.

III. — *Les terres mortes* « *Mewot* »

Cette matière est régie par les articles 8, 103 à 105 du Code foncier et 1270 à 1280 du Méjellé.

DÉFINITION. — Les terres mortes sont les terrains vagues, les endroits pierreux ou rocailleux, les pâturages et les bois qui ne sont en la possession de personne, ni à l'usage des habitants des cantons et villages et qui sont éloignées de ces localités et à une distance telle que de l'extrême limite des endroits habités on ne peut entendre le cri de l'homme ayant une voix éclatante ; elles appartiennent à l'Etat.

Il résulte de cette définition, que quatre conditions sont nécessaires pour qu'une terre soit considérée comme morte :

1° Il faut que la terre soit inculte ou en friche.

2° Il faut qu'elle ne soit en la possession de personne.

3° Il faut qu'elle ne soit pas de la catégorie des terres métroukés, c'est-à-dire qu'elle ne soit pas affectée aux besoins d'une ville ou d'un village.

4° Il faut qu'elle soit éloignée des centres d'habitation. Certains commentateurs ont évalué la distance nécessaire à un mille et demi. Mais les auteurs les plus autorisés considèrent qu'il n'y a pas lieu de tenir compte de la distance et qu'il suffit de constater si cette terre est inculte et délaissée.

CONDITIONS DE VIVIFICATION DES TERRES MORTES. — Une condition essentielle pour la vivification des terres mortes, c'est la mise en valeur effective, le défrichement et la culture. La législation ottomane ne conçoit le droit de propriété sur le sol qu'autant que la terre sert de support et de matière première au travail de l'homme.

Les articles 1275, 1276, 1277 du Méjellé indiquent les cas où il y a une mise en valeur du sol. On défriche une terre si on l'ensemence, si on y plante des arbres, si on la cutive, ou si on y creuse des canaux et rigoles, des fossés ou des drains pour la protéger contre les eaux.

Le fait de clôturer la terre uniquement n'est pas considéré comme une mise en valeur et donne à celui qui l'a pratiqué le droit de vivifier la terre de préférence à toute autre personne. Ce privilège de préférence est périmé par l'écoulement d'un délai de trois ans à partir de la date du clôturage.

Nous avons indiqué la mise en valeur effective comme une condition indispensable de la vivification et de l'appropriation de la terre ; une autre est moins nécessaire, c'est l'autorisation du Bureau foncier représentant l'Etat propriétaire. En effet l'autorisation préalable de l'Etat a pour effet d'accorder la possession du sol gratuitement au vivificateur ; elle doit être suivie du défrichement dans un délai de trois ans sous peine d'être périmée. Par contre la mise en valeur sans autorisation préalable permet au vivificateur d'acquérir la possession du sol défriché après paiement du prix de la terre morte à l'Etat.

Conséquences Juridiques de la Vivification. — La mise en valeur d'une terre morte procure au vivificateur un droit de possession sur le sol et non un droit de propriété. Le terrain défriché entre dans la catégorie des terres amiriés et s'y maintient tant qu'il est marié au travail de l'homme. Par contre, le possesseur perd son droit s'il laisse le sol en friche pendant trois ans et la terre abandonnée rentre dans la catégorie des terres mortes.

IV. — *Les terres communes « Métroukés »*

DÉFINITION. — Les terres métroukés sont celles dont le Domaine éminent appartient à l'Etat et dont la jouissance a été affectée au public ou à une ou plusieurs collectivités déterminées. L'article 5 du Code foncier en distingue deux catégories : 1° les routes et places dont la jouissance est abandonnée à tout le public ; 2° les forêts et bois pour affouage, les pâturages, les aires, etc. affectées aux besoins d'une ou plusieurs collectivités déterminées. Nous n'avons pas à parler de la première catégorie régie par la législation nouvelle sur le Domaine public de l'Etat dont elle fait partie.

La seconde catégorie est régie par les articles 91 à 102 du C. F. et 1271 du Méjellé. Il résulte de l'examen de ces dispositions que les terres métroukés de la seconde catégorie sont l'objet d'un droit de possession collective. Nous ne disons pas de propriété collective parce que la propriété en revient à l'Etat et non aux collectivités bénéficiaires; celles-ci disposent d'un droit de jouissance et de possession sur les terres affectées à la satisfaction de leurs besoins.

CONDITION JURIDIQUE DES TERRES MÉTROUKÉS. — Il résulte du caractère collectif de ces terres qu'elles ne sont pas susceptibles d'appropriation individuelle ni par la voie de la vivification à l'instar des terres mortes, ni par tout autre moyen juridique ou de fait ; aussi sont-elles inaliénables et imprescriptibles.

Par contre chacun des membres de la collectivité bénéficiaire a droit d'exercer à son propre profit tous les actes de jouissance normale : couper du bois de la forêt, conduire ses troupeaux aux pâturages, mettre sa récolte sur les aires, etc., mais il ne peut les exercer exclusivement.

Le droit de jouissance exclusive, s'il n'appartient pas à un individu de la collectivité au détriment des autres, appartient par contre à la collectivité bénéficiaire sur ses terres métroukés et à l'exclusion de toutes les collectivités voisines et des individus qui en relèvent.

La loi protège énergiquement le droit de jouissance collectif et met toutes les actions possessoires et pétitoires à la disposition et de la collectivité et de ses membres séparément, chacun ayant droit de représenter la collectivité et d'agir en son nom. (Voir l'additif à l'article 91 C. F. et les articles 1644, 1645, 1646 du Méjellé).

V. — *Les terres domaniales « Amiriés »*

Définition. — On appelle terres amiriés celles dont le domaine éminent « Rakaba » appartient à l'Etat et le domaine utile « Tassarouf » a été concédé aux individus.

La concession se fait gratuitement ou à titre onéreux moyennant le paiement d'un prix appelé « Tapou » elle est constatée par un titre appelé « sened tapou » et le droit qui en naît au profit du concessionnaire s'appelle la possession « tassarouf ».

Origine. — Les terrains amiriés englobent la presque totalité de la campagne syrienne ; ils doivent leur origine à des causes diverses :

1° La conquête : Nous avons déjà vu que, lors de la conquête ottomane, les terres rurales ont été partagées entre les conquérants, et ont formé des domaines privés au profit du Sultan et des Ministres, et des fiefs concédés aux militaires et à certains fonctionnaires civils. Mais c'est la jouissance de la terre qui a été ainsi partagée et concédée, tandis que la propriété en a été réservée à l'Etat. Aussi, lorsque la féodalité ottomane a été supprimée en 1255 H. les paysans ont relevé alors directement de l'Etat propriétaire.

2° La vacance : Les terres memloukés recueillies par l'Etat pour cause de déshérence et d'absence ou tout autre cause, tombent en vacance et deviennent des terres amiriés.

3° La vivification : Les terres mortes mises en valeur et défrichées dans les conditions requises par la loi, passent à la catégorie des terres amiriés.

Condition Juridique. — Les terres amiriés constituent le support de deux droits : celui de l'Etat propriétaire et celui de l'individu possesseur. C'est un démembrement du droit de propriété plénière, le dominium puisque l'Etat dispose du domaine éminent sans avoir la possession, tandis que l'individu jouit de la possession, domaine utile, sans pouvoir accéder au domaine éminent.

Ces droits sont en outre concurrents ; les prérogatives de l'individu possesseur restreignent les pouvoirs de l'Etat propriétaire et réciproquement.

Cette matière régie par les dispositions du Code foncier uniquement sera étudiée d'une manière approfondie dans le chapitre suivant relatif aux droits réels.

Section III

Les terres dédiées « Memcoufiés »
Propriété de Dieu

Les terres dédiées sont de deux sortes en vertu de l'article 4 C. F.

1° Celles qui étant terres memloukés, de pleine propriété, à l'origine ont été constituées en wakouf par l'accomplissement des formalités légales prévues par la loi religieuse. La constitution de wakouf ainsi faite est régulière et les terres ainsi dédiées sont des wakoufs ré-

guliers « sahih ». Leur condition juridique est déterminée par la loi religieuse et les stipulations de l'acte constitutif de wakouf ; elle échappe à l'empire des lois civiles et notamment du Code foncier.

2° Celles qui étant terres domaniales à l'origine ont
été distraites du Domaine de l'Etat et constituées en
wakouf soit par le Souverain, soit par toute autre personne avec l'autorisation du souverain. La constitution
de wakouf ainsi faite est irrégulière en ce sens qu'elle
ne transfère pas la propriété de la terre dédiée : elle a
simplement pour effet d'affecter la dîme et les redevances
provenant de la terre dédiée à une destination pieuse
déterminée. Les terres ainsi dédiées sont des wakoufs
irréguliers « ghair sahih ».

L'affectation des revenus des wakoufs irréguliers peut
revêtir les trois formes suivantes :

1° La dîme et les redevances des wakoufs sont affectées à l'œuvre pie, tandis que la possession en est cédée
par l'Etat à des cultivateurs en vertu d'un titre de possession, sened tapou.

La situation des possesseurs à l'égard de l'Etat est
la même que dans les autres terres domaniales, sauf
que les redevances sont affectées à la fondation au lieu
de rester au Trésor.

2° La dîme et les redevances des wakoufs restent
perçues au profit du Trésor tandis que la possession en
est affectée à la fondation pieuse au lieu d'être cédée
aux particuliers qui travaillent effectivement la terre.

3° L'Etat se réserve le domaine éminent et affecte
la possession des terres domaniales à l'œuvre pie avec
dispense de toutes taxes, dîmes et redevances qui sont
également affectées au profit de la fondation et perçues
pour son compte.

La situation des cultivateurs change complètement
dans ces derniers cas. En effet la fondation pieuse est
une personne morale qui recourt aux cultivateurs pour

mettre ses wakoufs en valeur ; et le paysan au lieu d'être le possesseur de sa terre et de tenir son droit directement de l'Etat, se trouve réduit au rôle de simple fermier ou métayer contraint de payer et la dîme et les redevances et la rente du sol.

Il résulte de l'analyse des dispositions relatives aux wakoufs irréguliers que l'Etat en garde toujours le domaine éminent ; aussi les terres ainsi dédiées restent toujours des terres domaniales régies par les dispositions du Code foncier contrairement aux wakoufs réguliers régis par la loi religieuse et dépassant par conséquent les cadres de notre ouvrage.

Nous étudierons la condition juridique des terres dédiées en même temps que la possession, dans le chapitre suivant, tandis que leur condition économique trouvera sa place dans la seconde partie de ce livre.

SECTION IV

Intérêts de la distinction

La distinction entre les différentes catégories de terres présente des intérêts multiples ; elle permet notamment de déterminer la condition juridique exacte de chaque catégorie qui résulterait des considérations suivantes :

1° Les droits réels que les individus exercent sur les terres varient selon les catégories : droit de propriété sur les terres memloukés, de possession sur les terres amiriés et mewcoufés, de simple jouissance sur les terres métroukés.

2° La législation applicable varie également avec les diverses catéogires de terres. La loi religieuse et le Code civil (Méjellé) régissent les terres memloukés et les wakoufs réguliers, tandis que les différentes catégories de terres domaniales sont soumises aux dispositions du Code foncier.

3° La différence dans le régime successoral résulte de la diversité des législations applicables. Ainsi la transmission héréditaire des terres memloukés est soumise à la loi religieuse musulmane, tandis que la transmission des diverses catégories de terres amiriés résulte d'un régime successoral nouveau créé par le Code foncier sur des bases semblables à celles de la législation française et absolument différentes de celles de la loi religieuse.

4° La durée de la prescription est différente ; elle est de 36 ans pour les wakoufs, de 15 ans pour les terres memloukés et de 10 ans pour les terres amiriés qui sont susceptibles de prescription.

5° Les tribunaux compétents pour connaître les actions réelles foncières sont différents. Le tribunal religieux chariat juge les contestations relatives aux wakoufs tandis que le Tribunal civil de Première instance et la Justice de Paix, sont compétents selon les cas pour juger les litiges relatifs aux autres catégories de terres. La compétence du Tribunal civil des Causes étrangères composé de magistrats français et syriens, s'étend même aux wakoufs d'après la jurisprudence de cette juridiction.

CHAPITRE II

———

Les droits réels immobiliers

———

L'exposé de la classification des terres a été pour nous une sorte de préface à l'étude des droits réels dont elles sont l'objet à laquelle nous avons consacré ce chapitre.

Section I
La propriété (Hak el Mulk)

On ne trouve nulle part dans les Codes ottomans une définition unique de la propriété telle que celle de l'article 544 du Code civil français; cependant, nous y trouvons des dispositions fragmentaires relatives aux attributs et caractères de ce droit qui permettent d'en tracer la physionomie complète. L'article 125 du Méjillé ainsi conçu :

« La propriété, c'est ce qui est en la propriété de l'homme, soit en choses tangibles, soit en usufruit ».
et l'article 2, dernier alinéa du Code foncier assimilent

complètement la propriété immobilière à celle des meubles et des autres biens corporels et incorporels.

Les articles 95, 96, 97 du Méjillé consacrent le caractère exclusif de la propriété en interdisant à toute personne de jouir et de disposer de la chose d'autrui.

Les articles 1192 et 1197 déterminent l'étendue des pouvoirs de jouissance et de disposition du propriétaire sur ses biens en y assignant pour limites le respect des droits d'autrui et la condition que l'exercice de ces pouvoirs ne cause un grave préjudice aux tiers.

L'article 1216 protège à son tour la propriété contre l'Etat en soumettant l'expropriation pour cause d'utilité publique au paiement préalable du juste prix.

Enfin l'article 1194 attribue au propriétaire d'un terrain la propriété du dessus et du dessous à titre d'accessoires nécessaires.

Il serait superflu de citer d'autres dispositions qui caractérisent la propriété des cours d'eau, des puits et des routes privés, lesquelles sont l'application à des cas particuliers des principes généraux que nous avons indiqués.

De l'analyse de toutes ces dispositions éparses, il nous est possible de tirer une définition de la propriété immobilière.

« C'est le droit de jouir, d'user et de disposer d'un immeuble à l'exclusion de toute autre personne et à condition que l'exercice de ces pouvoirs respecte les droits des tiers et ne porte pas un grave préjudice à autrui ».

Ce droit est donc total, définitif et exclusif.

La conception ottomane et par suite orientale du droit de propriété diffère de la conception romaine sur plus d'un point.

Ainsi les jurisconsultes distinguent dans le Droit

romain entre les modes originaires et les modes dérivés d'acquisition de la propriété. Or, dans les modes originaires la base de la propriété est le fait, l'occupatio, qui crée dans la suite le juste titre. Ce fait continue à produire des effets juridiques et à servir de mode d'acquisition de la propriété sous la forme de l'usucapion; il est même plus fort que le juste titre puisque ce dernier ne prévaut contre lui que pour une durée déterminée et s'éteint sous l'action combinée du fait et du temps.

Par contre, dans le Droit oriental plus évolué, la propriété n'a pour base que le juste titre. L'article 1248 du Code civil ottoman en indique trois : 1° la translation de la propriété par vente ou donation faite par le propriétaire; 2° la transmission héréditaire; 3° l'occupation ou autrement dit la prise quand il s'agit de choses sans propriétaire, *res nullius*, et qui sont limitativement indiquées par l'article 1234 à savoir: l'eau, l'herbe naturelle et le feu.

Le fait et le temps ne prévalent jamais contre le juste titre; aussi l'usucapion est-elle inconnue dans le Droit ottoman; le droit de propriété ne meurt pas. Le droit ne s'éteint jamais quel que soit le temps écoulé, dit l'article 1674 du Code civil. La prescription édictée par les articles 1660 et suiv. constitue une irrecevabilité de l'action basée sur des considérations d'ordre pratique et soumise à des conditions et des modalités qui la rendent absolument différente de l'usucapion du Droit romain.

Objet du Droit de Propriété. — En envisageant ce droit au point de vue des terres qui nous intéresse, nous constatons que son domaine se rétrécit énormément : les individus en jouissent sur la catégorie très restreinte des terres dites Memloukés.

L'Etat, à son tour, exerce un droit de propriété sur

son domaine privé. Ce droit est démembré et l'Etat ne bénéficie que du domaine éminent, rakaba, lorsqu'il s'agit de terres amiriés, métroukés et wakoufs irréguliers; il est total lorsqu'il s'agit des autres éléments du dmaineo privé notamment des terres mortes et des forêts.

Enfin, la propriété des wakoufs réguliers est transférée à Dieu disent les jurisconsultes musulmans qui devient titulaire et propriétaire des terres memloukés constituées en wakoufs.

Etendue du Droit de Propriété. — Nous avons vu que la propriété est un droit total, définitif et exclusif; aussi, le propriétaire peut-il aliéner, donner, hypothéquer sa terre, la constituer en wakouf et la transmettre à ses héritiers. Dans le domaine pratique, il peut l'aménager librement et l'affecter à la destination qu'il veut.

Cependant, des restrictions nombreuses sont imposées par la loi à cette souveraineté absolue ; les unes sont justifiées par des considérations administratives et hygiéniques qu'il n'y a pas lieu d'étudier ; les autres sont également justifiées par les nécessités économiques et agricoles et les rapports du voisinage; ces dernières seront étudiées dans une suivante section sous le nom de Servitudes.

Synthèse du Droit de Propriété. — Les jurisconsultes musulmans, faisant la synthèse de la propriété, la trouvent composée du domaine éminent, le rakaba, et du domaine utile, la jouissance. Ces deux pouvoirs sont réunis entre les mains du propriétaire des terres memloukés. Par contre, ils se disjoignent souvent lorsqu'il s'agit des autres catégories de terres et appartiennent alors à des titulaires différents.

Nous les avons vus ensemble intimement liés dans le droit de propriété; dans les sections suivantes, nous les étudierons séparément et nous observerons comment la disjonction leur imprime une évolution en sens inverse.

Section II

Le droit de Possession «Tassarouf»

Nous savons que le mode de mise en valeur des terres domaniales consiste dans l'affermage des lots du sol aux paysans cultivateurs moyennant le paiement de certaines taxes et redevances déterminées par la loi.

Dans le chapitre IV de la première partie de ce livre, nous avons analysé la nature du contrat qui unissait au début l'Etat propriétaire et le cultivateur du sol domanial; puis nous avons suivi le développement historique des droits du cultivateur depuis le partage des terres lors de la conquête et la création de la féodalité ottomane jusqu'à la libération définitive du soi réalisée à la veille de la grande guerre par les quatre décrets-lois de 1913.

Nature du Contrat. — Les jurisconsultes ottomans ont longtemps discuté la nature juridique du contrat passé jadis entre le cultivateur et le seigneur du fief représentant l'Etat et actuellement entre le premier et le Bureau foncier. Les uns y voyaient une vente du domaine utile, du droit à la jouissance du sol; d'autres prétendaient que c'est un contrat de fermage : cette dernière opinion admise par le législateur lui a inspiré toutes les mesures de restrictions édictées dans les Codes de 975 et 1275 H.

En vertu de ce contrat, le fermier recevait la jouissance du domaine utile de la terre sous trois conditions que la loi mettait à sa charge : 1° l'obligation de mise en valeur; 2° l'obligation de ne pas diminuer la valeur du bien fonds; 3° le paiement du loyer du domaine éminent qui consistait en un versement immédiat de la taxe de tapou, et en une redevance annuelle appelée la dîme.

Le droit conféré au fermier était précaire, strictement personnel et révocable au gré du concédant.

Développement du Droit de jouissance. — En fait, le fermier était rivé au sol non par la loi mais par l'habitude, l'hérédité et les conditions économiques et sociales de l'époque. Le feudataire n'avait pas non plus intérêt à le renvoyer parce que la diminution croissante de la main-d'œuvre rurale ne lui permettait pas de le remplacer. Aussi de précaire, le droit du fermier est devenu viager puis transmissible aux héritiers mâles et en ligne directe; il est devenu en même temps cessible et la coutume dérogeant à la loi consacrait le pouvoir du fermier d'aliéner son droit de jouissance du sol.

C'est ainsi que le droit personnel et précaire du fermier s'est transformé en un droit réel et définitif, cessible et transmissible par voie successorale.

Le Code foncier de 1275 H. a consacré et consolidé cette transformation juridique; le droit du fermier a été appelé « Tassarouf », possession; la dévolution successorale a été étendue et la vente a été minutieusement réglée; l'hypothèque même a été tolérée mais avec des restrictions qui la rendaient inutile. Cependant, l'exclusivité et l'absoluité du nouveau droit réel n'étaient pas reconnues par la loi. Ainsi un usurpateur d'une terre amirié n'était tenu de payer aucune réparation au possesseur pourvu qu'il désintéressât l'Etat en fournissant les taxes et redevances. Sous un autre point de vue, le possesseur devait conserver la valeur du bien fonds et éviter de lui causer une moins-value quelconque; il ne pouvait ni transformer un bois en champ de culture, ni changer un vignoble en pâturage, ni extraire du sable et de la pierre du sol possédé, ni opérer une modification quelconque pouvant entraîner une diminution éventuelle de sa valeur avant d'avoir obtenu l'autorisation expresse de l'Etat et versé l'indemnité estimée nécessaire.

Les lois postérieures au Code foncier notamment la loi ottomane du 5 Joumada Aoual 1331 sur la possession des terres et la loi syrienne du 23 mars 1927, arrêté 339, établissant la contribution foncière cadastrale ont relevé la condition des terres amiriés, complété les droits du possesseur et placé la possession au même rang que la propriété. Dorénavant, le possesseur et le propriétaire des terres rurales, sauf la réserve théorique du droit éminent de l'Etat sur les terres amiriés, exerceront des pouvoirs identiques sur le sol et paieront les mêmes impôts.

Arrêtons-nous un instant à cette limite pour jeter un regard critique sur l'évolution accomplie et étudier la nature du droit de possession ainsi que les pouvoirs et les obligations du possesseur tels qu'ils résultent des lois en vigueur.

Définition. — Le tassarouf consiste dans la faculté d'user et de jouir d'un immeuble de la manière la plus absolue, et d'en disposer dans les conditions fixées par les dispositions de la présente loi à l'exclusion de toute autre personne; ce droit ne s'exerce que sur les immeubles amiriés.

C'est la définition donnée dans l'article 15 du projet du Code de la propriété. Elle consacre sans rien innover la situation acquise du possesseur et condense en un texte unique les dispositions éparses des lois antérieures. Il nous semble cependant qu'il vaut mieux remplacer le mot faculté par droit qui exprime plus nettement la pensée de l'auteur du projet et caractérise l'évolution réalisée par le tassarouf, et sous cette réserve nous adhérons pleinement au texte projeté.

Caractères et attributs du Tassarouf. — La possession ou tassarouf est dorénavant un droit réel comme la propriété et comme elle il est absolu et exclusif; il est également définitif sous la condition que le possesseur continue la mise en valeur du sol et ne le laisse pas en friches pendant trois années consécutives et sans excuse légale.

Aux caractères du droit de propriété le tassarouf en joint les attributs et confère au possesseur les trois *jura utendi, fruendi* et *abutendi* que celui-ci peut exercer dans les limites et les conditions fixées par la loi et qui sont les mêmes pour ces deux droits réels.

DROITS DU POSSESSEUR. — Pour avoir une vue complète des droits du possesseur, il faut combiner les dispositions du Code foncier de 1275 H avec celles des lois postérieures. Le possesseur peut :

1° Vendre la terre à réméré ou définitivement, louer, prêter, hypothéquer et en général accomplir tous les actes juridiques, sauf ceux prohibés expressément par la loi.

2° Transmettre le sol à ses héritiers selon les règles de dévolution spéciales.

3° Procéder à toutes cultures quelles qu'elles soient, sauf celles interdites par les lois spéciales: tabac, opium, hachiche.

4° S'approprier toutes récoltes ou produits naturels du sol et faire toutes coupes de bois ou foin poussant sans culture.

5° Faire toutes plantations d'arbres fruitiers et non fruitiers, transformer les forêts et pâturages en champs de culture, ou les terres de culture en jardins.

6° Le possesseur exerce son droit sur le dessus et le dessous du sol autant que sur la surface. Aussi, peut-il creuser des carrières, extraire du sable et de la pierre et en vendre, interdire que les autres y construisent des souterrains et des aqueducs.

7° Il peut aussi édifier toutes sortes de bâtisses ou constructions quelconques ou les détruire sans aucune autorisation préalable.

8° Il a droit au juste loyer au cas où le sol serait usurpé et cultivé par un autre pour toute la durée de l'usurpation.

Par contre, la loi interdit au possesseur d'user de son droit pour constituer la terre en wakouf et pour en disposer par voie testamentaire. Or la constitution en wakouf n'est pas souhaitable à cause de ses inconvénients économiques; quant à la prohibition de disposer par voie testamentaire de la terre amirié, il importe d'observer que la loi religieuse applicable au testament interdit de s'en servir au profit de l'héritier ab intestat tout en limitant la quotité disponible au tiers de l'actif successoral. Aussi, le possesseur ne souffre pas beaucoup de cette différence puisque, dans tous les cas, il ne peut favoriser ses plus chers parents en leur accordant une part supérieure à celle que la loi détermine d'une manière invariable.

OBLIGATIONS DU POSSESSEUR. — Trois obligations incombaient au possesseur : 1° La non diminution de la valeur du bien fonds.

2° Le paiement de la dîme et du virgo (impôt sur le capital de 4 par mille).

3° La mise en valeur de la terre.

La loi lui a fait remise de la première en lui accordant la faculté d'user librement du sol, du dessus et du dessous au mieux de ses intérêts.

De même, d'après le nouveau régime fiscal une seule contribution foncière incombe également à tous les immeubles et à toutes les terres et le taux en est fixé uniformément pour toutes sans tenir compte de leur condition juridique. La valeur de la parcelle cadastrale qui sert de base à l'impôt est évaluée tous les dix ans.

Une seule obligation subsiste donc, c'est la mise en valeur. Le possesseur est tenu de cultiver ou de faire cultiver sa terre; c'est dans ce but et sous cette condition qu'elle lui a été concédée. S'il omet de le faire et laisse la terre en friches pendant trois années consécutives et sans excuse légitime il est déchu de son droit.

La terre tombée en vacance revient à l'Etat qui l'adjuge à un autre travailleur.

La loi énumère plusieurs exemples d'excuses légitimes :

1° Le repos de la terre pour les besoins de la culture et l'amélioration du sol. La durée en varie selon les régions et les variétés des terres et des cultures.

2° L'inondation de la terre et la durée nécessaire pour son dessèchement.

3° La présence du possesseur sous les armes ou en captivité.

4° L'expatriement du possesseur obligé de quitter provisoirement la terre pour une cause indépendante de sa volonté.

5° L'incapacité légale du possesseur pour cause de minorité ou d'interdiction.

On peut dire en se basant sur les exemples fournis par la loi qu'il y a une excuse légitime toutefois que l'on se trouve en présenec d'un cas de force majeure obligeant le possesseur d'abandonner provisoirement le sol.

Droit de l'Etat propriétaire. — Le tassarouf s'est développé au détriment du droit de l'Etat; à mesure qu'il acquérait les caractères et les attributs de la propriété, la propriété de l'Etat sur les terres amiriés perdait les siens. Qu'en reste-t-il ?

Au point de vue juridique, l'Etat ne peut plus ni user, ni jouir, ni disposer des terres amiriés; il en conserve un droit qui ne présente qu'une valeur doctrinale, c'est le domaine éminent ou la nue propriété. Mais comme la vacance des terres abandonnées est une conséquence de ce principe il en résulte que l'Etat peut, au point de vue économique user de son droit pour maintenir la mise en valeur du sol.

Comparaison entre la possession et la propriété.

— Nous savons qu'au point de vue doctrinal la propriété porte sur les deux domaines éminent et utile, tandis que le tassarouf porte sur le domaine utile uniquement.

Nous savons, d'autre part, que les possesseurs des terres amiriés jouissent sur le sol de pouvoirs identiques à ceux des propriétaires des terres memloukés. Il y a trois différences il est vrai. Le possesseur ne peut constituer sa terre en wakouf, ni en disposer par voie testamentaire, ni la négliger sans excuse légitime pendant trois années, sous peine de la perdre.

Dans l'œuvre législative qui se prépare dans le pays et devant la nécessité de ranimer l'agriculture syrienne, que faut-il faire, convertir le tassarouf en propriété ou le maintenir et le consolider ?

On serait tenté d'opter pour la première solution. L'exemple de l'Egypte qui, en 1858 C., a vu le Khédive Saïd pacha accorder aux paysans la pleine propriété des terres fertiles de la vallée du Nil et la prospérité dont jouit l'agriculture égyptienne constituent un précédent éclatant. Cependant, nous préférons la solution inverse. L'agriculture égyptienne doit sa prospérité à des causes nombreuses autres que le statut juridique de la terre. D'autre part, les trois différences que nous avons relevées entre la possession et la propriété ne constituent pas des raisons d'infériorité de la terre syrienne. On pourrait accoder au possesseur le droit de disposer du sol par testament quand il le juge utile; par contre, il est nécessaire de maintenir énergiquement la prohibition de le constituer en wakouf pour ne pas étendre les domaines de mainmorte. Quant à la vacance des terres abandonnées, elle suffit à elle seule et à notre avis, pour justifier le régime actuel et le maintien du Tassarouf; maniée habilement par un gouvernement vigilant, elle constituerait un facteur puissant de la mise en valeur du sol national et du relèvement économique de la Syrie.

Section III

Le "Wakouf"

Le wakouf est la consécration perpétuelle d'un immeuble à des œuvres pies selon des modalités toutes spéciales. Il consiste dans le séquestre perpétuel de la propriété à l'effet d'assurer la destination de l'immeuble ou l'emploi des revenus conformément à la volonté du fondateur.

Ce droit réel grève une grande partie des terres syriennes et constitue à cause de ses inconvénients un grand obstacle au développement de l'agriculture.

Certains auteurs pensent que le wakouf serait une immitation de la propriété sacrée (Res sacræ) du Droit romain; le corps du Droit musulman, s'étant constitué en Syrie, a pu être influencé par la coutume locale elle-même imprégnée du Droit romain. Par contre, les juristes musulmans assignent au wakouf une origine purement musulmane et lui donnent pour fondement les paroles et les actes du Prophète de l'Islam.

« Les aumônes et les bonnes œuvres ne meurent pas », disait le Prophète. Un jour que Omar ben Khattab, le futur Calife, lui demandait ce qu'il pourrait faire d'un immeuble qu'il possédait à Kaïbar pour être agréable à Dieu : « Le but que tu cherches sera atteint, a répondu le Prophète, si tu l'immobilises de façon qu'il ne puisse être ni vendu, ni donné, ni compris dans une succession et si tu distribues le revenu aux pauvres ».

Il est vrai que les biens de mainmorte étaient répandus en Syrie lors de la conquête arabe; l'influence du droit syro-byzantin était possible, mais le wakouf se présente à nous sous une forme si originale et sous des caractères si particuliers que nous ne saurions le considérer que comme une institution purement musulmane, du moins jusqu'à la preuve du contraire.

DÉFINITION. — Les quatre écoles orthodoxes, les représentants de l'école hanafite eux-mêmes ne sont pas d'accord pour définir le wakouf quoi qu'ils sont unanimes pour en déterminer la destination : il doit être constitué dans un but agréable à Dieu, c'est-à-dire à des œuvres pies et tendre à satisfaire perpétuellement au but auquel il est affecté.

Le grand Iman Abou Hanifa [1] disait: « Le wakouf est une conservation de la nue-propriété de la chose au constituant et une affectation de l'usufruit aux œuvres pies; il est par suite révocable ». Ses deux disciples Abou Youssof et Mohammad voyaient dans le wakouf une aliénation de la nue-propriété au profit de Dieu et une affectation de l'usufruit aux œuvres pies; la chose sort du patrimoine du constituant et le wakouf est irrévocable. C'est la seconde définition qui a prévalu dans la doctrine et la jurisprudence.

CONDITIONS DE LA CONSTITUTION DU WAKOUF. — Dix conditions sont exigées par la loi religieuse pour la formation et la validité du wakouf; ce sont :

1° La capacité naturelle et légale du constituant;

2° Le consentement du constituant libre et non entaché de vice quelconque;

3° Le bien constitué doit appartenir au constituant en pleine propriété;

4° Il doit être un corps certain et non une créance ou une obligation;

5° Il doit être un immeuble sauf de rares exceptions tolérées par les coutumes locales;

6° Il doit être parfaitement déterminé;

7° Le wakouf ne peut être constitué sous une condition incertaine;

---

[1] Abou Hanifa est le fondateur de l'école juridique la plus célèbre de l'Islam qui porte d'ailleurs son nom. Abou Youssof et Mohammad furent ses disciples les plus distingués. Les trois vécurent au II° siècle de l'Hégire.

8° La constitution doit être faite à perpétuité et sans détermination de durée;

9° Elle doit être faite dans un but religieux; mais il n'est pas nécessaire que ce but soit immédiat ; aussi est-il possible et courant d'affecter l'usufruit de l'immeuble constitué en wakouf au profit de la descendance du constituant jusqu'au décès du dernier dévolutaire indiqué dans l'acte constitutif.

10° Un écrit doit être rédigé pour enregistrer les conditions et modalités diverses de la constitution.

Forme de l'Acte constitutif. — La constitution du wakouf consiste dans une déclaration unilatérale de volonté. Ses formes sont inspirées par le besoin de consacrer l'irrévocabilité du wakouf contre la décision d'un juge qui opterait pour l'opinion d'Abou Hanifa qui affirme la possibilité de la révocation. Il y a lieu de distinguer deux cas :

1° La constitution est faite par un testament. Dans ce cas on considère qu'il n'y a pas lieu de recourir à d'autres précautions puisque la mort va sceller les dernières volontés du testateur, et que ses héritiers n'ont pas droit de révoquer la libéralité du de cujus.

2° La constitution est faite du vivant du constituant. Dans ce cas on recourt à un simulacre de procès : le constituant fait citer le métoualli (2) du wakouf devant le Tribunal religieux et demande au juge de prononcer la révocation de la constitution en se basant sur l'opinion d'Abou Hanifa; le métoualli, défendeur au procès, conclut au rejet de la demande en invoquant les dires des disciples du Grand Imam; le juge opte alors pour l'opinion des disciples et déclare le wakouf irrévocable. L'irrévocabilité est ainsi assurée pour la fondation par

---

(2) Le Métoualli est la personne désignée par le constituant dans l'acte constitutif et à défaut d'une clause de ce genre par le tribunal religieux pour assurer la gesiton de la fondation et l'exécution des volontés du fondateur.

l'autorité de la sentence du Tribunal religieux et par la force de chose jugée.

Enfin, dans les deux cas, l'autorisation de l'Etat « Mulknama » est exigée sous peine de nullité lorsque la constitution porte sur des terres amiriés. Cette autorisation ne préjudicie pas au droit éminent de l'Etat et la terre ainsi constituée devient un wakouf irrégulier toujours soumis à la législation foncière et non à la loi religieuse.

DIFFÉRENTES CATÉGORIES DE WAKOUFS. — Il y a lieu de distinguer selon qu'on envisage soit la destination des wakoufs, soit les biens sur lesquels ils portent.

1° Au point de vue de la destination on divise les wakoufs en wakoufs khaïri (de bienfaisance) lorsqu'il s'agit de créer une œuvre pie ou de doter une fondation d'utilité publique; et en wakoufs zorri (de postérité) lorsque les revenus des biens constitués ne seront affectés à l'œuvre pie qu'après le décès du dernier dévolutaire de la postérité, indiqué dans l'acte constitutif.

2° Au point de vue des biens grevés on distingue les wakoufs réguliers, portant sur des choses de pleine propriété, et les wakoufs irréguliers, portant sur des terres amiriés.

De la combinaison des espèces sus-indiquées naissent les quatre catégories de wakoufs que voici :

1° Les wakoufs réguliers de bienfaisance;
2° Les wakoufs réguliers de postérité;
3° Les wakoufs irréguliers de bienfaisance;
4° Les wakoufs irréguliers de postérité.

CONDITION JURIDIQUE DES WAKOUFS. — Pour déterminer d'une manière précise la condition juridique des wakoufs, il est nécessaire de l'étudier successivement pour chacune des catégories sus-indiquées :

1°-2° La propriété des wakoufs réguliers de bienfaisance et de postérité sort du patrimoine du constituant et devient celle de Dieu; aussi sont-ils inaliénables de quelque manière que ce soit; ils ne peuvent être ni hypothéqués, ni donnés en gage, ni prêtés; ils sont aussi impartageables lorsque les usufruitiers sont nombreux.

La fondation pieuse possède les domaines éminent et utile en cas de wakouf de bienfaisance et le domaine éminent en cas de wakouf de postérité jusqu'à ce que le domaine utile lui arrive au décès du dernier dévolutaire.

Les wakoufs réguliers sont régis par la loi religieuse et les stipulations de l'acte constitutif.

3°-4° La nue propriété des wakoufs irréguliers de bienfaisance et de postérité reste toujours à l'Etat.

La possession des wakoufs et tous les droits et obligations qui en découlent restent soumis aux dispositions de la législation foncière comme les autres terres domaniales; ils peuvent être aliénés, hypothéqués, donnés, etc., etc...

La constitution de wakouf ne porte en réalité que sur certains revenus des terres dédiées dont l'affectation à une fondation pieuse ou la distribution entre les héritiers dévolutaires est seule soumise à la volonté du constituant. Même dans ce cas, l'Etat qui a toléré simplement la constitution du wakouf se réserve le droit d'en modifier l'affectation et les modalités en tenant compte des considérations et des circonstances nouvelles.

ADMINISTRATION DES WAKOUFS. — Les wakoufs réguliers sont gérés par un administrateur appelé métoualli, élu par le constituant ou nommé par le juge. Cette gestion s'accomplit sous la haute surveillance du juge du Tribunal religieux « chariat » qui, sur requête ou même d'office, a le droit de révoquer le métoualli négligent ou indigne et de nommer un autre pour le remplacer.

Au point de vue de leur gestion, les wakoufs irréguliers sont divisés en trois catégories :

1° Les wakoufs « mazbouta » saisis, comprenant tous ceux constitués par les sultans ou tombés en déshérence par la mort de tous les dévolutaires; leur gestion est confiée à une administration spéciale appelée Administration des wakoufs.

2° Les wakoufs « moulhaka » annexés; ceux-ci sont gérés par les métouallis indiqués par le constituant ou le juge, sous la surveillance et le contrôle de l'Administration des wakoufs.

3° Les wakoufs « moustasnat » exceptés, dont la gestion est confiée au métoualli élu par le constituant et n'est soumise à aucun contrôle de l'Administration des wakoufs.

DÉMEMBREMENT DU WAKOUF. — Les immeubles wakoufs ne peuvent être loués que pour une durée limitée ne dépassant pas trois ans; ceci est logique parce que le dévolutaire actuel ne peut engager les intérêts des générations futures que le constituant du wakouf a voulu favoriser. En outre, les frais de réparation et d'aménagement des immeubles restent à la charge de la fondation. Or, il est arrivé que les locataires n'avaient aucun intérêt à entretenir des immeubles dont ils ne détenaient la possession qu'à titre précaire pas plus que d'y exécuter les travaux susceptibles d'augmenter la valeur du bien fonds; en même temps, les métouallis négligeaient les réparations nécessaires et sacrifiaient l'intérêt des générations futures pour augmenter leur revenu. C'est ainsi que les wakoufs urbains tombaient en ruine et les terres rurales étaient laissées en friches.

Aussi les jurisconsultes ont imaginé la possibilité des locations à long terme ou même perpétuelles des wakoufs. Le locataire, moyennant le paiement d'un loyer unique annuel ou d'un double loyer consistant en une somme payable lors de l'entrée en possession et en un loyer annuel relativement minime, acquérait à titre perpétuel l'usufruit du wakouf et pouvait l'aliéner, l'hypothéquer, le transmettre à ses héritiers.

C'est ainsi que de nouveaux droits réels se sont greffés sur le wakouf et ont grevé les immeubles. Ordinairement on les appelle « moukataa » lorsqu'il s'agit de terres rurales, « idjaratein » lorsqu'il s'agit d'immeubles urbains et « idjara oahida » lorsque le locataire est tenu de payer un seul loyer.

Nous allons examiner le « moukataa », qui nous intéresse parce qu'il grève la terre rurale. D'ailleurs, les dispositions qui le régissent s'appliquent aux autres variétés de location.

Moukataa. — Le locataire de la terre bénéficiant d'une longue jouissance a travaillé à la revivification du sol; il a ainsi construit et planté sur les parcelles louées et la valeur des constructions et plantations dépassait souvent le prix du bien fonds. Le sol, considéré comme l'accessoire, était transmis ou cédé accessoirement aux plantations et constructions. La coutume soumettait le tout à la loi religieuse comme s'il s'agissait de terres memloukés.

Mais le législateur ottoman, considérant que l'Etat titulaire du domaine éminent des terres peut en déterminer librement le statut juridique, a assimilé le locataire des wakoufs moukataa au possesseur des terres amiriés et l'a soumis aux dispositions du Code foncier en le dotant des droits et le chargeant des obligations qui résultent de la possession.

WAKOUFS NON MUSULMANS. — L'article 122 du Code foncier détermine la condition de ces immeubles : « Les terres attachées *ab antiquo* à une église ou à un monastère et inscrites en cette qualité sur les registres fonciers des Archives impériales ne peuvent être soumises aux règles de la possession des terres amiriés; elles ne peuvent être ni vendues, ni achetées. Par contre, les terres amiriés entrées d'une manière quelconque en la possession du clergé restent soumises aux règles relatives à la possession des terres amiriés. »

Il résulte de cette disposition que les wakoufs non musulmans constitués sur des terres de pleine propriété sont inaliénables et ne sont pas soumis aux obligations

nées du Code foncier. Par contre, les wakoufs irréguliers constitués sur des terres domaniales restent régis
par la législation foncière à l'instar des wakoufs irréguliers des musulmans.

Caractère spécial des wakoufs musulmans. — Les
wakoufs chrétiens ont pour destination l'entretien du
culte, de ses ministres, et des indigents de la communauté à laquelle ils appartiennent.

Les wakoufs musulmans avaient un caractère plus
large. En effet, la doctrine considère comme œuvre pie
toutes les fondations qui ont non seulement une destination religieuse, mais aussi un but politique et social;
une fondation d'école, de pont, de bains, de lavoirs, de
fours publics est considérée comme œuvre pie aussi
bien que celles destinées à l'entretien des mosquées et
des pauvres.

Cette doctrine s'explique aisément; elle s'est développée au moment où la communauté musulmane, dans
toute sa puissance et sa grandeur, formait un Etat
théocratique, un corps religieux et social en même
temps que politique. D'autre part, comme les règles de
l'unité et de l'universalité du budget n'étaient pas connues, les califes plus que les particuliers considéraient
les principaux services d'intérêt public et social comme
des fondations pieuses et ils les dotaient de riches wakoufs dans l'espoir d'en assurer l'entretien et la continuité après leur décès.

Or, il est certain que les principes politiques qui dominent le Gouvernement actuel de la Syrie sont autres
que ceux qui inspiraient les califes ommeyades, abbassides et ottomans. Ce n'est plus un Etat théocratique où
le chef réunit en sa personne des attributions religieuses et politiques.

D'autre part, les inconvénients économiques de tous
ces droits réels constituent un obstacle au développement de la prospérité agricole des terres tellement que

les bénéficiaires des wakoufs eux-mêmes en souffrent et en souhaitent la suppression.

Aussi vaudrait-il mieux faire une distinction: 1° maintenir les wakoufs ayant une destination purement religieuse et cultuelle et en confier l'administration à un comité musulman élu par les musulmans syriens et fonctionnant sous le contrôle de l'Etat.

2° Autoriser et faciliter le rachat des autres wakoufs et des droits réels qui en sont le démembrement.

Les services dont ils sont dotés entrent plutôt dans les attributions de l'Etat et des municipalités, qui en assurent l'exécution au moyen de ressources budgétaires, et dans l'intérêt de toute la nation sans distinction de religion et de communauté.

SECTION IV

Les Servitudes

Parmi les servitudes foncières nous allons examiner celles qui se rapportent particulièrement à la terre. Le Code civil ottoman en distingue quatre, savoir : les droits de passage, d'aqueduc, d'écoulement et d'irrigation.

Le Code civil ottoman ne définit pas les servitudes; mais en nous basant sur ses dispositions fragmentaires, nous pouvons en donner une définition analogue à celle de l'article 637 du Code civil français : c'est un droit réel établi sur un fonds pour l'utilité ou l'agrément d'un fonds appartenant à un autre propriétaire.

I. — *Servitude de passage*

Cette servitude peut être établie soit *ab antiquo*, soit par accord réciproque des propriétaires du fonds servant et du fonds dominant. Mais si un propriétaire permet à un voisin de passer sur sa terre, il ne crée pas une servitude à son profit et peut toujours rétracter son autorisation, car la simple tolérance ne crée pas un droit au profit de celui qui en bénéficie.

Le bénéficiaire de la servitude doit en jouir dans la mesure des besoins de l'exploitation de son fonds; il ne peut l'aggraver.

Enfin la servitude s'éteint par la prescription ou par la renonciation expresse ou tacite (voir les articles 1224 à 1227 du Méjelli).

II. — *Servitude d'aqueduc*

Cette matière est régie par l'article 1228 du Mèjellé. Cette disposition impose au propriétaire du fonds servant le respect de la servitude d'aqueduc établie sur son fonds sans violation de la loi, soit *ab antiquo*, soit par l'accord des parties; il est en outre tenu de permettre au propriétaire du fonds dominant l'accès sur sa terre pour effectuer les réparations nécessaires à l'aqueduc, sinon d'accomplir lui-même et à ses propres frais les dites réparations.

III. — *Servitude d'écoulement*

Les dispositions du Code civil ottoman qui traitent cette matière (articles 1229 à 1232), quoi que relatives en apparence aux servitudes urbaines, sont considérées par la doctrine et la jurisprudence comme l'application des principes généraux dominant également les servitudes rurales.

Ces articles obligent le propriétaire du fonds servant au respect de la servitude d'écoulement établie par l'accord des parties ou *ab antiquo* parce qu'elle est conforme à la nature des lieux ou le résultat d'une convention ancienne.

La servitude est considérée comme l'accessoire des fonds servant et dominant et ne s'éteint pas par le changement des propriétaires.

L'usager est tenu de faire toutes réparations nécessaires et d'éviter tout préjudice grave au fonds servant dont le propriétaire est tenu de lui en autoriser l'accès.

IV. — *Droit d'irrigation*

Le Code civil ottoman distingue entre les cours d'eau qui n'appartiennent pas aux individus mais à la collectivité et ceux qui sont appropriés par les particuliers.

1° Lorsqu'il s'agit de cours d'eau publics, tout individu a droit d'en prendre l'eau nécessaire pour irriguer sa terre; il peut le faire par tous les moyens, même en creusant un canal pour en dériver une partie de l'eau et l'écouler sur sa terre. Une seule limite s'impose à son initiative : il ne peut prendre l'eau en telle quantité qu'il n'en laisse plus ce qui est nécessaire pour l'usage du public; il ne peut non plus causer un préjudice grave à ceux qui bénéficient de droits acquis sur l'eau en question.

2° Lorsqu'il s'agit, au contraire, de cours d'eau appropriés par les individus ou par les collectivités : villes, villages, cette eau sert à l'irrigation des terres de ses propriétaires exclusivement selon les usages et les coutumes établis pour chaque cours d'eau.

3° Lorsqu'il s'agit de l'eau à débit continuel jaillissant d'un puits, d'un réservoir ou d'une source, le propriétaire du terrain où la source jaillit est en même temps propriétaire de l'eau et peut l'utiliser pour l'irrigation de sa terre ou de tout autre usage, à l'exclusion de tous les autres.

Il convient d'observer que le public conserve le droit

de prélever sur toutes les catégories de cours d'eau sus-indiqués, la quantité nécessaire pour la consommation des hommes et des animaux; ce droit est désigné par le législateur sous le nom expressif de droit de la lèvre.

Les propriétaires des terrains riverains sont obligés de permettre aux usagers l'accès du cours d'eau pour puiser et capter l'eau nécessaire ou en faire le curage, lorsque des places spéciales n'ont pas été réservées pour cet usage.

La loi récente sur le Domaine public a englobé tous les cours d'eau et toutes les sources quelle que soit leur importance dans le domaine de l'Etat, sous réserve des droits acquis des particuliers et des collectivités. On peut donc dire qu'à l'avenir la captation de l'eau sur les cours d'eau non appropriés, pour l'irrigation comme pour toute autre destination, sera soumise à l'autorisation de l'Etat. Les dispositions contraires du Code civil se trouvent tacitement abrogées.

Enfin, avant de conclure, il convient de remarquer que la législation réglementaire du régime des eaux fait presque défaut en Syrie; ceci est d'autant plus déplorable pour un pays où l'irrigation est l'élément indispensable de la vie agricole.

SECTION V

Les Sûretés réelles

Le prêt à intérêt est formellement prohibé par la loi coranique; même aujourd'hui, le prêt d'argent avec stipulation d'intérêt est l'objet du mépris des bons musulmans. Aussi les juristes se sont-ils peu occupés de sauvegarder leurs intérêts à des personnes que la religion maudit. Cependant, dans ce pays où le commerce a été si prospère et où le paysan a dû toujours emprunter lui aussi, les usuriers ont toujours été nombreux même parmi les musulmans. Le législateur ottoman, dérogeant aux prescriptions religieuses, a permis le prêt à intérêt en en fixant le taux à 9 pour cent.

I. — *Gage. Vente à réméré*

Les juristes musulmans n'ont connu que deux sûretés applicables indifféremment aux meubles et aux immeubles, à savoir : le gage et la vente à réméré. Aussi le Code civil ottoman en traite-t-il avec force de détails.

Gage. — Nous allons résumer dans quelques propositions la réglementation du gage tant mobilier qu'immobilier.

1° Le gage suppose la tradition effective de la chose; c'est une condition indispensable à la formation du contrat.

2° L'objet du gage doit être une chose matérielle susceptible de vente et appartenir exclusivement au débiteur.

3° Le créancier gagiste a un droit de rétention sur la chose constituée en gage; s'il s'en désiste, il est présumé non seulement y renoncer, mais aussi faire remise de la créance.

4° Si la chose périt sans faute du créancier gagiste, il n'en est pas responsable; mais il perd de sa créance jusqu'à due concurrence du prix du gage.

5° La réalisation du gage se fait après recours au tribunal, qui rend une ordonnance autorisant la vente aux enchères publiques.

Vente à réméré. — La vente à réméré est une vente avec clause spéciale résolutoire par laquelle l'acheteur se réserve le pouvoir de restituer la chose et d'en reprendre le prix, et le vendeur de reprendre la chose moyennant la restitution du prix. Cette faculté peut être stipulée pour un temps défini ou indéterminé.

L'article 3 du Mèjellé assimile expressément ce contrat au gage. Aussi est-il défendu à l'acquéreur à réméré d'aliéner la chose achetée; il est tenu de la conserver en bon père de famille et si elle périt à la suite d'une faute grave de l'acheteur, celui-ci perd la partie de sa créance correspondant à la valeur de la chose détruite.

Ces deux contrats pouvaient s'appliquer aux meubles et aux terres memloukés (de pleine propriété). Le possesseur d'une terre « amirié » domaniale ne pouvait en principe la constituer en garantie de ses dettes puisqu'il n'en était que le locataire; cependant, lorsque son droit s'est développé et est devenu aliénable et transmissible à cause de mort, le possesseur de la terre amirié a eu recours à la vente à réméré pour se servir de la terre comme un élément de crédit.

Ce contrat n'était pas pratique; il avait beaucoup d'inconvénients et notamment il entraînait la dépossession du débiteur. Les jurisconsultes ont imaginé alors une clause en vertu de laquelle le possesseur vendant sa terre à réméré en conservait la jouissance à titre de locataire. Cette nouvelle modalité a été désignées sous le nom de « Bei il istighlal » (vente avec réserve de l'usufruit).

Le Code foncier de 1275 H. a consacré ces procédés; mais on était loin encore de l'hypothèque proprement dite.

II. — *Hypothèque*

La loi ottomane du 1 Rabi Sani 1331 H. et 1912 C. a introduit l'hypothèque dans la législation foncière; mais le législateur n'en avait encore qu'une conception rudimentaire; il ne définissait pas cette troisième sûreté réelle pour marquer nettement les caractères qui la distinguent du gage et de la vente à réméré. De plus, obsédé par la crainte de faciliter aux étrangers l'acquisition des terres de l'Empire, le législateur de 1912 interdisait aux sociétés de banque et de crédit, pour la plupart de nationalités étrangères, de se rendre adjudicataires de n'importe quelle manière des immeubles hypothéqués à leur profit. Les formalités de constitution étaient en outre très compliquées. Aussi la loi de 1912 est restée lettre morte. La public a continué l'usage de la vente à réméré, ou même de la vente définitive sous promesse occulte de restitution; ce dernier procédé semblait présenter plus de garanties aux créanciers.

Par contre, le législateur de 1912 a eu le mérite de créer un précédent et d'admettre le principe que l'hypothèque est applicable aux terres amiriés.

III. — *Régime nouveau des Sûretés réelles*

Le Haut-Commissariat de la République française en Syrie, soucieux de munir le pays des instruments de crédit susceptibles de lui faciliter l'acquisition des capitaux nécessaires pour son développement économique, s'est empressé d'établir un régime hypothécaire perfectionné; ceci a été l'objet de l'arrêté n° 1329 du 20 mars 1922.

Cette loi a introduit surtout les innovations suivantes dans la législation en vigueur :

1° Une définition exacte de la nature juridique des privilèges et hypothèques et une distinction nette entre le droit nouveau et les autres sûretés réelles.

2° La création des privilèges et de l'hypothèque légale soumise à l'inscription.

3° La création de registres nouveaux pour la conservation et la publicité des sûretés réelles sous la responsabilité civile du conservateur.

4° L'institution d'une procédure rapide de l'expropriation forcée.

5° La suppression des formalités, conditions et obstacles qui viciaient l'ancien régime hypothécaire.

Nous allons exposer brièvement l'économie du régime nouveau.

1° Gage, antichrèse, vente a réméré

Ces sûretés demeurent soumises à la législation en vigueur et aux dispositions qui résultent du Code civil, du Code foncier et des autres lois foncières telles que celles que nous avons examinées au début de cette section.

2° Privilège

Le privilège, dit l'article 38, est un droit que la qualité de la créance donne à un créancier d'être préféré aux autres créanciers, même hypothécaires.

La loi ne reconnaît qu'un seul privilège au profit de la créance résultant des frais exposés pour la réalisation de l'immeuble et la distribution du prix; elle le dispense de l'inscription.

La définition de l'article 38 est empruntée au Code civil français, articles 2095 et 2114. Seulement la conception de la loi syrienne est moins large que la conception française et ses applications sont plus restreintes. Mais le principe posé aura certainement des applications nouvelles au fur et à mesure du développement législatif du pays.

3° Hypothèque

Définition. — L'hypothèque, dit l'article 41, est un droit réel immobilier sur les immeubles, affecté à l'acquittement d'une obligation; elle est indivisible et subsiste en entier sur les immeubles affectés, sur chacun d'eux et sur chacune de leurs portions; elle les suit dans quelques mains où ils passent.

Objet. — L'hypothèque peut être constituée sur :

1° Les fonds de terre bâtis ou non bâtis de la catégorie des terres de pleine propriété ou de celles des terres domaniales ou des wakoufs irréguliers, et avec eux leurs accessoires réputés immeubles.

2° L'usufruit de ces mêmes biens et accessoires.

3° Les droits idjaratein et moukataa résultant du démembrement des wakoufs et de leurs accessoires.

4° Les biens du domaine privé des municipalités.

Mais ne peuvent être constitués en hypothèque les biens futurs, les éléments du domaine public de l'Etat, les immeubles wakoufs réguliers et les terres métroukés.

Règles générales. — La loi nouvelle consacre le caractère réel et immobilier de l'hypothèque, des droits de préférence et de suite qui en résultent, ainsi que l'indivisibilité de la sûreté nouvelle et sa qualité de droit réel accessoire subordonné à l'existence d'une obligation valable à la charge du débiteur.

La spécialité de la créance nantie et du gage hypothécaire est nettement établie.

Le propriétaire continue à jouir librement de l'immeuble grevé d'hypothèque; il peut l'aliéner. Mais l'ayant droit se substitue purement et simplement au débiteur; il est subrogé dans ses droits et ses obligations.

Enfin, la loi crée l'hypothèque légale de toutes pièces à côté de l'hypothèque conventionnelle.

Hypothèque légale. — L'hypothèque forcée, dit l'article 45, est celle qui est inscrite d'office avec ou sans le consentement du propriétaire ou du débiteur et dans les cas déterminés par le présent arrêté. Elle est toujours nominative.

Il y a hypothèque légale au profit :

1° Des mineurs et interdits sur les biens de leurs tuteurs;

2° Des femmes mariées sur les biens de leurs maris;

3° De l'Etat, des Municipalités et des Administrations publiques conformément aux lois spéciales qui les concernent;

4° Des personnes bénéficiant d'un jugement passé en force de chose jugée et comportant hypothèque.

L'hypothèque légale est nominative; elle est toujours déterminée soit quant aux sommes garanties, soit quant aux immeubles hypothéqués; elle doit être inscrite sur demande des intéressés et prend son rang de préférence à partir de la date et du degré de son inscription.

La notion d'hypothèque légale étant étrangère à la législation antérieure, elle ne cadre pas avec les institutions relatives aux personnes qu'elle veut protéger. Nous espérons donc que les réformes dans les autres domaines, notamment dans le statut personnel, créent un accord entre cette notion et les autres institutions de la législation syrienne.

Hypothèque conventionnelle. — Elle résulte du libre accord du débiteur et du créancier et peut être utilisée pour garantir toute obligation.

Les personnes physiques capables d'aliéner et les sociétés de crédit régulièrement constituées peuvent obtenir ou constituer des hypothèques.

La règle de spécialité de la créance et du gage doit être observée.

Enfin, au point de vue de la forme, l'hypothèque n'est pas considérée comme un contrat solennel. La demande d'inscription et de délivrance du titre hypothécaire doit être faite par les parties intéressées; il suffit d'un acte sous seing privé si les parties se présentent au Bureau foncier; dans le cas contraire, il est nécessaire de produire un acte sous seing privé rendu athentique par une légalisation régulière ou un acte notarié.

Le titre délivré par le Bureau foncier peut être strictement nominatif ou susceptible de transfert sur le Registre hypothécaire sans le consentement du débiteur; il est même prévu la création de titres transmissibles par voie de simple endossement lorsque les mesures de conservation foncière auront été réalisées ainsi que celles tendant à la protection des porteurs illégalement dépossédés.

4° MODES D'INSCRIPTION ET DE RÉALISATION DE L'HYPOTHÈQUE ET DES AUTRES SURETÉS RÉELLES

Inscription. — La loi nouvelle a créé un registre spécial pour les inscriptions des sûretés réelles. Le conservateur de ce registre est tenu, sur présentation des pièces justifiant l'identité et la capacité des parties, de prendre inscription de la sûreté, sur le Registre hypothécaire, sur le Registre foncier et sur le titre de propriété relatif à l'immeuble grevé; il est tenu également de délivrer un titre hypothécaire dans la forme demandée par les parties.

Le conservateur est responsable civilement à l'égard des parties intéressées de toutes erreurs et fautes commises.

Toutes les hypothèques légales et conventionnelles prennent leur rang de préférence à partir de la date et du degré de leur inscription.

Radiation. — La radiation d'une inscription est faite soit sur l'accord des parties, soit en vertu d'un jugement passé en force de chose jugée, soit enfin sur la demande du débiteur seul, si ce dernier justifie de sa libération ou consigne le montant de sa dette, capital, intérêts et frais compris, à la caisse désignée par la loi, c'est-à-dire au Trésor public. Moyennant ce paiement, le débiteur conserve le droit de demander la radiation de l'hypothèque à tout moment, même avant l'échéance.

Publicité. — Toute personne peut obtenir les renseignements consignés soit au Livre foncier, soit au Registre hypothécaire contre le paiement des taxes réglementaires de recherches et de copies.

Réalisation du gage hypothécaire. — La procédure établie est simple, rapide et peu coûteuse.

Le conservateur hypothécaire, sur demande du créancier, analyse les pièces justificatives et, après avoir constaté l'exigibilité de la créance, il adresse un commandement au débiteur, le sommant de se libérer et d'établir sa libération dans un délai de huit jours à partir de la signification du commandement.

Une fois le délai écoulé, et à défaut d'exécution volontaire, le conservateur met l'immeuble aux enchères publiques et publie une insertion dans le *Journal officiel* et trois journaux locaux. Au bout de soixante jours de la mise aux enchères publiques, l'immeuble est adjugé au dernier surenchérisseur.

Le conservateur rédige lui-même le procès-verbal d'adjudication, distribue le prix entre les créanciers selon leur rang de préférence et donne radiation de l'hypothèque. Un titre nouveau est établi sur le Livre foncier au profit de l'acquéreur, selon les modalités réglementaires.

L'acquéreur n'a pas à exercer la procédure de purge, inutile parce que la loi ne reconnaît pas l'existence de privilèges et hypothèques occultes.

5° Appréciation générale

Le régime nouveau commence d'entrer dans les mœurs et d'évincer graduellement l'antichrèse et la vente à réméré. L'évolution, quoi que lente, est progressive, car il faut vaincre l'ignorance et la routine, surtout dans la campagne.

La loi de 1922 est considérée par le législateur comme une mesure transitoire et provisoire; elle n'a pas rompu totalement avec la législation antérieure. Le but du législateur a été de détacher le public des anciennes coutumes et de l'habituer à un régime hypothécaire plus évolué en attendant que, la réforme cadastrale et foncière achevée, il puisse doter la Syrie d'un régime hypothécaire perfectionné; ce qui est déjà l'objet d'un projet à incorporer au projet du Code de la propriété.

CHAPITRE III

———

Questions communes aux terres
et aux droits réels

———

Les modalités suivant lesquelles les hommes exercent les droits réels sur les terres varient sous l'influence de causes diverses, notamment à raison de la nature du sol, du climat, des conditions géographiques et économiques, des idées juridiques et du développement social. Nous ne pouvons prétendre étudier ces influences multiples; mais il nous semble qu'il est nécessaire, après avoir exposé successivement la condition juridique des terres et des droits réels dont elles sont l'objet, d'étudier les différentes formes de propriété collective et individuelle, divise et indivise, ainsi que la capacité exigée par la loi pour la jouissance des droits sur le sol.

Section I
Propriété collective et Propriété individuelle

Nous n'avons pas à discuter ici le problème ardu relatif au processus de la formation de la propriété individuelle. On sait que la doctrine qui affirme que la propriété collective a nécessairement précédé la propriété individuelle dans les sociétés primitives et que la seconde forme de propriété n'est apparue que plus tard et qu'elle a suivi le développement progressif de l'individu, commence à être délaissée. De savants auteurs soutiennent une théorie adverse et démontrent l'apparition de la propriété individuelle à l'origine des peuples grec et romain.

Il nous semble qu'on ne peut considérer les deux doctrines comme absolument exactes. La formation de la propriété foncière est une question d'espèce qui doit être envisagée pour chaque société en particulier. Ainsi, sous la réserve du domaine éminent aux dieux et au roi, nous voyons la possession individuelle du sol solidement établie à l'aube de l'Histoire sur les bords du Tigre et de l'Euphrate; le Code de Hammourabi contient des dispositions multiples pour la protéger. Par contre, la propriété collective subsiste de nos jours dans l'Arabie et dans plusieurs régions de la Syrie, notamment celles situées aux confins du désert.

Aussi nous allons exposer brièvement les deux formes de propriété telles qu'elles régissent le sol de notre pays. Il importe d'observer préalablement que nous confondons exprès la possession et la propriété. Sous réserve du droit éminent de l'Etat sur les terres domaniales qui couvrent la majeure partie de la Syrie, le sol est possédé parfois par les collectivités et parfois par les individus, qu'il s'agisse de terres domaniales ou de terres de pleine propriété. Il y a la possession collective et individuelle dans les mêmes conditions que la propriété; aussi notre étude s'applique également à la possession et à la propriété des terres syriennes, sauf l'obligation de mise en valeur dont est grevé le premier de ces droits.

I. — *Propriété et possession individuelles*

Nous savons déjà les caractères et les attributs de la propriété individuelle. Ce sont ceux que le Droit romain a fixés d'une manière énergique; elle accorde à l'individu le pouvoir exclusif et perpétuel de faire de la terre ce qu'il veut, y compris celui de n'en rien faire. Les pouvoirs de l'individu sur sa terre sont les mêmes qu'on soit en présence d'un seul propriétaire ou de plusieurs possédant en commun une terre à l'état d'indivision. Qu'il s'agisse d'une propriété divise ou indivise, les droits qui en résultent sont les mêmes et s'opposent à la propriété collective parce qu'ils reposent sur la tête de l'individu.

II. — *Propriété et possession collective*

Lorsque le sol est possédé par une collectivité quelconque : clan, tribu, village, les individus sont investis d'un simple droit d'usage et de jouissance sur la terre qui leur est confiée; mais ils ne peuvent en disposer d'une manière quelconque. En effet, le droit de l'individu sur le sol n'est dans ce cas ni exclusif, ni absolu, ni définitif; il est essentiellement précaire et lui **est** conféré pour et tant qu'il fait partie de la collectivité et se conforme à ses lois. La propriété repose sur la tête de la collectivité considérée comme une entité indivisible, comme une personne morale.

En Syrie, le domaine de la propriété et de la possession collective est immense. Nous savons que l'Etat, dans son domaine privé, a la propriété absolue des terres mortes et le domaine éminent des terres métroukés et amiriés.

A leur tour, les villages et cantons ont la possession

collective des terres communales « métroukés » abandonnées et affectées par l'Etat à la satisfaction de leurs besoins collectifs.

Enfin, même en ce qui concerne les terres amiriés laissées à la jouissance des particuliers, les mœurs et les exigences de la situation économique et sociale ont maintenu la possession collective du village ou de la tribu, nonobstant la volonté contraire du législateur qui, dans l'article 8 du Code foncier de l'année 1275 H. exige impérativement que les terres soient possédées par les individus et non par les villages ou leurs cheiks, et que les titres de possession soient délivrés nominativement à chaque possesseur et spécialement à tout champ possédé. Ainsi, chez les Bédouins sédentarisés du Hauran et de Tadmor, on n'a pas encore l'idée d'un droit individuel et privatif du sol considéré comme facteur de production. La terre cultivable du village est considérée comme un domaine collectif. Chaque année le cheik, assisté des anciens, partage le terrain entre les diverses fractions de la tribu; dans chacune des fractions, le sol est ensuite divisé de façon que chaque famille ait une part égale correspondant aux besoins maximum de la famille la plus nombreuse. Chaque chef de famille est libre de mettre en valeur comme il l'entend la parcelle qui lui est attribuée. Enfin, une partie des terres labourables est exclue du partage et laissée en réserve pour servir de lots aux nouveaux chefs de famille, qui acquièrent cette qualité avant le prochain partage; le fils qui abandonne le toit paternel pour former une nouvelle famille reçoit de la collectivité, sur cette réserve, une part égale à celle de son père, s'il est reconnu apte à la mettre en valeur et à concourir à la défense commune.

Les forêts, les pâturages et les terres incultes ne sont pas soumis au partage et restent affectés à la jouissance collective du village ou de la tribu.

Les modalités et la périodicité du partage changent d'un village à un autre; mais le principe est partout identique. Le droit de jouissance de l'individu est essentiellement précaire et se fonde sur celui de la collectivité; inaliénable et intransmissible, il s'éteint par le décès ou l'absence du bénéficiaire et fait retour au patrimoine collectif.

Nous reviendrons sur ce sujet pour traiter la réforme nécessaire dans la dernière partie de cet ouvrage.

SECTION II

Propriété et Possession divises et indivises

Les droits de propriété et de possession individuels peuvent revêtir la forme divise ou indivise.

Il y a propriété divise lorsque le propriétaire peut exercer sur un fonds déterminé et qui lui appartient exclusivement, tous les pouvoirs résultant de son droit individuel.

Par contre, il y a indivision lorsque plusieurs personnes possèdent en commun un fonds déterminé dont ils sont individuellement les titulaires. Chaque propriétaire exerce sur sa quote-part idéale et abstraite tous les droits découlant de la propriété individuelle.

Il résulte de l'analyse des dispositions du Code civil ottoman que :

1° Chaque copropriétaire jouit sur sa quote-part et tous les copropriétaires de commun accord jouissent sur tout le fonds de tous les droits inhérents à la propriété individuelle : aliénation, hypothèque, donation, etc...

2° Tout copropriétaire, maître de sa quote-part, est

considéré comme absolument étranger aux parts des autres.

3° Tout copropriétaire est autorisé de jouir de la terre commune conformément à sa destination à condition de ne causer aucun préjudice à ses consorts et de ne pas les empêcher d'exercer la même faculté.

4° Le copossesseur d'une terre jouit de sa quote-part uniquement; mais il peut, en cas d'absence de son consort, jouir de toute la terre commune à condition qu'il ne résulte pas de sa gestion un préjudice et qu'il rende compte au consort du produit de sa quote-part, ou de lui permettre de jouir à son tour pendant une durée égale de tout le fonds.

5° Tout copropriétaire peut contraindre ses consorts à contribuer aux frais de conservation de la chose commune en proportion de leurs quote-parts; mais il ne peut les obliger à supporter des frais d'amélioration.

6° Tout copropriétaire n'est pas tenu de demeurer dans l'indivision et peut provoquer à tout instant le partage de l'immeuble commun.

La plupart des terres en Syrie sont à l'état d'indivision. Les cohéritiers des propriétaires des grands domaines et même des petites propriétés se contentent de rester dans cet état ou recourent souvent à des partages amiables et provisoires n'ayant aucune valeur juridique et ne liant personne au point de vue légal. Ils évitent de régulariser leur situation pour ne pas payer les droits de mutation au Trésor, ainsi que les frais des inscriptions nouvelles.

Cependant, il est incontestable que l'indivision présente de graves inconvénients juridiques et économiques. Aussi le législateur a, par la loi du 20 Mouharram 1332, créé une procédure de partage simple et rapide.

1° Si les copropriétaires sont d'accord pour effectuer

le partage à l'amiable, ils peuvent le faire entre eux et présenter leur convention à l'agent foncier qui l'homologue et leur délivre des titres nouveaux en conséquence.

Ils peuvent lui demander d'opérer lui-même le partage. Dans ce cas, l'agent du cadastre, avec l'assistance d'un géomètre et de certaines personnes officielles indiquée par la loi : moukhtar, conseil municipal, constate la possibilité du partage en nature, effectue la formation des lots et leur attribution par voie de tirage au sort. Après quoi, il dresse un procès-verbal qui sert de base pour la délivrance de nouveaux titres de propriété.

2° Si les copropriétaires ne sont pas unanimes pour demander le partage amiable, chacun d'eux peut provoquer le partage judiciaire. Le juge de paix est compétent en matière de partage immobilier, quel que soit l'intérêt en jeu ou la valeur des immeubles à partager. Le juge de paix cite les copropriétaires et, après avoir tenté un partage amiable, il se rend sur les lieux avec les personnalités précédemment indiquées. Si le partage en nature est déclaré possible, il est procédé à la constitution des lots et à leur égalisation par des soultes en argent, s'il est nécessaire; l'attribution se fait par voie de tirage au sort. La sentence du juge de paix sert de fondement pour la délivrance de nouveaux seneds tapou.

Par contre, si le partage en nature est déclaré impossible, le juge de paix ordonne que l'immeuble soit vendu aux enchères publiques et le prix soit distribué entre les copropriétaires au prorata de leurs parts.

Malgré les mérites de cette loi, l'indivision reste la règle dans un grand nombre de régions. On espère que la stricte application du nouveau système cadastral mettra fin aux inconvénients qui en résultent.

SECTION III

Capacité de jouissance des droits réels

Nous réservons notre étude à la capacité d'être titulaire de droits réels sur la terre, notamment d'en acquérir la propriété ou la possession. L'examen de la capacité d'exercer ces droits est une question de droit civil qui dépasse l'objet de notre bref exposé.

La loi ottomane a suivi la même évolution que la plupart des législations antiques et modernes qui longtemps ont réservé le privilège de la possession du sol national à leurs citoyens. Seuls les sujets de l'Empire pouvaient avoir des droits réels sur les terres. Cette faculté était restreinte aussi aux personnes physiques et aux fondations pieuses. La loi du 18 juin 1867 et 7 Séfer 1284 a permis aux étrangers d'acquérir des droits réels immobiliers sous certaines conditions. Une autre loi du 22 Rabi Aoual 1331 et du 29 février 1912 a accordé la même capacité aux personnes morales ottomanes strictement définies. Enfin, la législation nouvelle syrienne préconisée par le Haut-Commissariat français semble avoir étendu la capacité d'acquérir des droits réels immobiliers à toutes personnes physiques et morales, syriennes et étrangères.

I. — *Personnes physiques*

Depuis la suppression de l'esclavage dans l'Empire, tous les sujets ottomans sans différence de religions et de communautés peuvent acquérir et jouir de tous les droits réels immobiliers, exception faite de la province sainte du Hedjaz.

Pour que l'Empire fût admis à participer aux avantages du droit public et du concert européens par le traité de Paris du 26 mars 1856, le Sultan a dû publier, en date du 18 février 1856, un firman dans lequel, parmi d'autres déclarations, la Sublime Porte promettait de permettre aux étrangers de posséder des propriétés foncières sur son territoire en se conformant aux lois et règlements de police. La loi du 7 Sefer 1284 a été promulguée en vertu de cet engagement. Les étrangers pouvaient acquérir des immeubles sous les conditions suivantes :

1° Les immeubles acquis par les étrangers restent soumis à la législation ottomane.

2° Les étrangers renoncent aux capitulations et sont assimilés purement et simplement aux sujets de l'Empire. Ceci avait pour conséquences de :

a) Soumettre les étrangers à la législation foncière ottomane pour tout ce qui concerne la jouissance, la transmission héréditaire, l'aliénation et l'hypothèque de leurs droits réels immobiliers;

b) De les obliger au paiement de toutes les charges et contributions frappant ou pauvant frapper par la suite les immeubles urbains et ruraux;

c) De les rendre justiciables des tribunaux ottomans pour toutes les questions foncières et toutes les actions réelles dans les mêmes conditions et formes que les propriétaires ottomans.

3° Les étrangers ne jouissaient du bénéfice de la loi qu'après l'adhésion de la Puissance dont ils ressortissaient à la convention y annexée et appelée « Protocole sur le droit de propriété immobilière concédé aux étrangers » et daté du 9 juin 1868 et du 17 Séfer 1285.

Ce protocole a été signé successivement par la France, la Suède et la Norvège, la Belgique, la Grande-Bretagne, l'Autriche-Hongrie, le Danemark, la Prusse, l'Espagne, la Grèce et la Russie.

Les conditions imposées par la loi du 7 Séfer 1284 avaient pour but d'épargner au sol de l'Empire l'application du régime des capitulations; or, ce régime a été supprimé en Syrie; dorénavant, les étrangers établis dans notre pays sont soumis à notre législation; ils paient les mêmes impôts que nous. D'autre part, l'esprit du pacte de la Société des Nations et de l'acte du mandat conféré à la France, impose l'égalité de condition aux ressortissants de tous les Etats adhérant à la Société des Nations. Est-ce que tous les étrangers ont acquis la capacité de jouissance des droits réels en Syrie ? Il nous semble que la réponse affirmative s'impose à nous. L'étude de la capacité des personnes morales confirme cette opinion à défaut de déclaration expresse concernant les personnes physiques.

II. — *Personnes morales*

Les fondations pieuses titulaires des wakoufs réguliers et irréguliers ont toujours été, depuis la conquête arabe, les plus riches propriétaires fonciers de la Syrie. Cette capacité a été étendue aux sociétés civiles et commerciales et aux associations par la loi du 22 Rabi Aoual 1331 H. Cette loi reconnaît le droit d'acquérir des immeubles aux sociétés anonymes ottomanes ayant pour objet le commerce ou l'industrie, et aux sociétés anonymes pour l'agriculture dont les actions sont nominatives et dont les titulaires sont de nationalité ottomane. Par contre, elle exclut indubitablement les personnes morales étrangères.

Mais l'arrêté du 7 septembre 1924 n° 2547 a étendu la capacité d'acquérir des immeubles à toutes les personnes morales, politiques et administratives, syriennes et étrangères. L'article 2 précise que ces personnes peuvent acquérir les immeubles situés dans les limites des villes et villages, tandis que les terres situées en dehors

de ces limites ne peuvent être acquises que par les personnes suivantes :

1° Les Etats de Syrie et du Liban;

2° La France pour les besoins de l'armée et de l'administration du mandat;

3° Les Municipalités;

4° Les Administrations publiques de l'Etat;

5° Les sociétés commerciales ou constituées sous forme commerciale, syriennes, libanaises et étrangères.

Cette loi confirme expressément et tacitement la capacité de toutes les personnes étrangères physiques et
morales d'acquérir des immeubles en Syrie.

Nous avons le regret d'observer que la loi nouvelle
de 1924, malgré de légères restrictions, accorde une
capacité trop étendue et une liberté complète aux personnes morales étrangères sans exception. C'est une
imprudence grave et pleine de menaces. Une nation qui
travaille à réaliser son indépendance économique et
politique doit avoir plus de soucis pour conserver l'inté-
grité de ses terres et les mettre à l'abri des entreprises
étrangères, parfois hostiles, contre lesquelles l'agriculture nationale ne peut soutenir la lutte avec avantages.
Le Haut-Commissariat, obligé par l'acte du mandat
d'accorder des droits égaux à tous les ressortissants des
Etats affiliés à la Société des Nations, n'a certainement
pas pris en considération les circonstances particulières
de la Syrie, qui ne peut sur cette matière s'accommoder
des principes applicables au sol de France sous peine
de voir son territoire accaparé par des sociétés étrangères au détriment de la population indigène.

—

Acquisition, transmission et extinction des droits réels

—

Les wakoufs réguliers et les terres métroukés sont inaliénables. Par contre, et depuis le Code de 1275 H., les terres amiriés sont tombées dans la circulation et devenues aliénables et transmissibles tout comme les terres de pleine propriété. Enfin, les terres mortes, comme les autres éléments du Domaine privé de l'Etat peuvent être détachées du domaine et mises en circulation par un système de concession et d'allotissement prévu par l'arrêté du 5 mai 1926 n° 275.

Dans leur circulation, les terres et les droits réels passent d'une personne à l'autre, soit par des actes entre vifs, soit pour cause de mort. Il arrive parfois que les droits réels s'éteignent au détriment d'un titulaire pour renaître au profit d'un autre individu ou de l'Etat. Aussi nous aurons à exposer successivement ces modes d'aqcuisition, de transmission et d'extinction.

CHAPITRE PREMIER

Modes d'acquisition des droits réels

Nous ne pouvons considérer l'occupation et l'accession comme des modes d'acquisition des droits réels immobiliers. L'article 1248 du Méjellé envisage comme un mode d'acquisition de la propriété l'occupation des choses sans maître, des *res nullius*. L'accession n'est à son tour et au fond que l'occupation faite par le propriétaire du principal d'une chose accessoire en vertu du principe que l'accessoire suit le principal. Or, la terre n'est jamais une chose sans maître d'après la législation en vigueur dans notre pays. L'école hanafite du Droit musulman, la législation ottomane, les lois syriennes promulguées par le Haut-Commissariat ont toujours considéré les terres mortes comme une propriété de l'Etat dont l'occupation et la vivification sont soumises à une autorisation préalable et doivent être accomplies suivant des conditions déterminées. Nous doutons même que l'occupation sans autorisation préalable puisse donner naissance à un droit de préférence comme il résulte du Code foncier, parce que l'arrêté du 5 mai 1926 sur le Domaine privé punit comme une infraction tout empiètement sur les terres de l'Etat. Or, un fait délictuel et punissable qu'est devenu l'occupation, encourt une sanction et ne crée pas des privilèges. Aussi nous renonçons à classer ces deux faits parmi les modes d'acquisition des terres.

Il nous reste donc à envisager les autres modes d'acquisition qui sont : 1° les contrats; 2° la concession; 3° la prescription; 4° le droit de préemption ou de préférence.

Section I

L'Effet des Contrats

La vente, la donation et tous autres contrats et combinaisons juridiques ayant pour conséquence le déplacement et l'acquisition des droits réels immobiliers sont considérés comme valables, dit l'article 64 du Code de procédure civile, du moment qu'ils ne contiennent pas une violation de l'ordre public, des bonnes mœurs et des lois.

L'acquisition ne devient pas définitive par le seul effet des contrats valablement formés. L'arrêté du 15 mars 1926 n° 188, continuant et renforçant les dispositions de la loi ottomane de 1329 sur la possession des immeubles, déclare l'inscription au Registre foncier une condition indispensable à l'aliénation des droits réels immobiliers et à leur déplacement d'une personne à une autre. Ce n'est pas une condition de publicité opposable aux tiers uniquement; elle est opposable entre les parties contractantes. Les contrats donnent naissance au profit de l'acquéreur à un droit à l'inscription foncière et une obligation de transférer l'immeuble sur le Registre foncier à la charge du vendeur. Mais le droit réel ne passe d'une tête à l'autre, même entre parties, qu'à la suite du transfert et de l'inscription au Registre foncier.

Nous aurons l'occasion d'approfondir l'étude de cette matière dans le chapitre relatif aux modes de constatation et de conservation des droits réels.

Section II

La Concession

L'arrêté du 5 mai 1926 règle les modalités de l'aliénation des terres composant le Domaine privé de l'Etat. Cette loi crée plusieurs modes d'aliénation du sol domanial, notamment la vente, la location avec promesse de vente et la location par voie d'emphytéose.

I. — *Vente*

Le géomètre des Services fonciers effectue le lotissement de la terre à vendre en lots de petite exploitation et de moyenne exploitation.

La vente des lots est précédée d'une insertion dans le *Journal officiel* et dans trois journaux locaux. Elle est effectuée selon les modalités suivantes :

1° Les lots de culture de petite exploitation sont, dans tous les cas, vendus de gré à gré sur prix fixé par le Ministre des Finances après avis de la Commission spéciale pour le caza d'où relève la terre. Les prix de vente stipulés en capital peuvent être fractionnés en dix annuités au maximum ne comportant pas d'intérêts.

2° Les lots de culture de moyenne exploitation sont vendus, en principe, aux enchères publiques; à défaut d'acquéreurs, ils peuvent être vendus de gré à gré.

II. — *Location avec promesse de vente*

A défaut de vente, les terres de culture de petite et de moyenne exploitation peuvent seules être louées avec promesse de vente. Cette location ne peut être consentie qu'au profit des cultivateurs et de gré à gré moyennant un loyer fixé à trois pour mille du prix en capital déterminé par le Ministre des Finances.

Outre les obligations incombant à tout possesseur de terres domaniales, les locataires sont tenus d'exploiter eux-mêmes pendant toute la durée du bail, et ne peuvent ni sous-louer, ni céder leur droit au bail sans l'autorisation écrite de l'Administration des Domaines.

Le bail est stipulé pour quinze ans. Il prend fin avant l'expiration de cette durée si le preneur acquiert le droit de propriété ou s'il encourt une déchéance. La location est convertie en propriété sur demande du locataire et après constatation de l'exécution des obligations stipulées au contrat de location et au cahier des charges et après complet paiement du montant du prix stipulé.

III. — *Location emphytéotique*

Les locations emphytéotiques stipulées pour une durée dépassant quinze ans ou même sans fixation de délai, viennent au troisième rang dans la préférence du législateur.

1° Les lots de culture de petite exploitation sont loués de gré à gré, par préférence à des cultivateurs; ceux de moyenne ou de grande exploitation sont loués aux enchères publiques.

2° Les prix de location sont fixés par le Ministre des Finances, après une expertise administrative.

3° Les locataires sont tenus d'exploiter eux-mêmes et ne peuvent sous-louer ou céder leurs droits à des tiers sans l'autorisation du Directeur des Services financiers et des Domaines.

4° Le bail emphytéotique est l'objet d'une inscription au Registre foncier; il est susceptible d'hypothèque et transmissible aux héritiers. C'est un véritable droit réel.

Nous aurons l'occasion de parler de l'arrêté du 5 mai 1926 dans la partie suivante de notre ouvrage, à propos de la formation de la petite propriété.

SECTION III

La Prescription

La prescription acquisitive ou usucapion est un moyen d'acquérir la propriété par une possession prolongée pendant un temps déterminé. Parfois l'usucapion a pour point de départ un juste titre; souvent aussi elle est basée sur une possession de fait qu'elle transforme en droit.

La majorité des auteurs contestent l'existence de l'usucapion dans le Droit en vigueur en Syrie. Les jurisconsultes musulmans dont les recueils ont servi de source pour la codification des lois civiles et foncières ottomanes sont d'accord pour dire que le droit est éternel et ne s'éteint jamais (art. 1674 du Méjellé). La prescription extinctive dont parlent les articles 1660 et suivants du Méjillé est inspirée par des considérations pratiques pour consolider les droits légitimement acquis et les mettre sous le cachet du temps à l'abri des fausses revendications; c'est ainsi que le bénéficiaire d'une prescription doit l'invoquer *in limine litis* avant de répondre d'aucune manière au fond de l'instance sous peine de se voir privé du bénéfice de cette exception; de même il ne peut après avoir discuté le fond des prétentions adverses invoquer la prescription et offrir de prouver une possession paisible, fût-elle d'un siècle.

L'usucapion, c'est-à-dire la possession paisible et prolongée, n'est pas un mode d'acquérir si elle n'est pas fondée sur un juste titre. L'article 78 du Code Foncier confirme l'esprit général de la jurisprudence musulmane en cette matière. En vertu de cette disposition, celui qui cultive les terres domaniales et les Wakoufs irréguliers et en dispose depuis dix ans sans contestation, en acquiert la possession et il faut qu'il lui en soit délivré un titre *sened tapou*. Mais, ajoute la loi, si le possesseur reconnaît qu'il a occupé sa terre sans en avoir le droit et alors qu'elle était en état de vacance, il ne peut en acquérir la possession. Et le législateur précise sa pensée dans l'article 8 des Instructions relatives aux titres de possession parues le 7 chaoul 1276, un an après le Code foncier; les Instructions du Sultan avaient force de loi en Droit ottoman. Celui qui peut invoquer la prescription de l'article 78 du Code foncier, précise l'article 8, est celui dont le droit est fondé sur un mode légitime d'acquisition de la possession, soit une concession, soit une transmission successorale, soit un transfert du précédent possesseur.

Cependant certains auteurs modernes tels que M. Chucri Cordahi, l'éminent professeur de l'Ecole de droit de Beyrouth, et le Président de la Cour de cassation libanaise, M. Joseph Chaoui, conseiller à la Cour d'appel de Lattaquieh, affirment l'existence de l'usucapion dans la législation ottomane. La prescription libératoire, disent-ils, applicable aux actions personnelles et réelles, équivaut à une usucapion indirecte puisque l'extinction de l'action en revendication du propriétaire confère au possesseur un avantage équivalent dans une certaine mesure à celui que lui aurait conféré la prescription acquisitoire telle qu'admise dans les Etats modernes.

Nous ne contestons pas qu'en pratique la prescription libératoire conduit parfois aux mêmes effets que l'usucapion; mais en examinant la question sous l'angle du principe uniquement, nous voyons un abîme entre la prescription musulmane et l'usucapion du droit romain. La première a pour fondement un juste titre qu'elle tend à protéger et dont elle se sépare au moindre soupçon d'illégitimité tandis que la seconde moins soucieuse de légitimité ayant pour fondement un juste titre ou un fait matériel crée le droit sous l'action du temps.

Après ce bref exposé doctrinal, nous allons examiner la seule application de la prescription ottomane relativement aux droits réels, celle qui résulte de l'article 78 du Code foncier et de l'article 8 de la Circulaire du 7 chaoual 1276.

Il résulte de ces dispositions que le possesseur qui invoque à l'appui d'un juste titre présumé une possession paisible de dix ans et malgré l'absence d'un *sened tapou* est maintenu dans son droit et reçoit un titre nouveau. Il n'est pas tenu de prouver le juste titre mais simplement la possession paisible et prolongée. Par contre s'il reconnaît spontanément l'absence d'un juste titre à l'origine de sa possession, il doit être dépouillé de la terre.

C'est une sorte d'usucapion basée essentiellement sur le juste titre présumé. L'article 78 relève du Chapitre IV du Code foncier relatif aux terres tombées en vacances et sert à régler les rapports de l'Etat et du possesseur exclusivement et non ceux des particuliers entre eux. Il trouve sa justification dans le souci du législateur de 1275 qui cherchait à consolider les droits des possesseurs des terres domaniales après la suppression de la féodalité ottomane et à diminuer le plus possible l'étendue des terres mortes ou vacantes. Cette exception, si elle en était nne, confirmerait la règle générale, c'est-à-dire l'absence de l'usucapion de la législation ottomane.

Aussi nous étudierons les autres cas de prescription immobilière dans le chapitre relatif à l'extinction des droits réels.

SECTION IV

Le droit de préemption et le droit de préférence

L'article 950 de Méjellé définit le droit de préemption « la reprise d'un immeuble « mulk » de pleine propriété, à un acheteur de la part d'une tierce personne après remboursement du prix d'achat ».

Ce droit ne s'appliquant qu'aux terres de pleine propriété est d'un emploi peu fréquent en ce qui concerne les terres; et comme il relève d'autre part de la législation purement civile, nous ne pouvons l'étudier dans cet ouvrage. Aussi nous allons examiner le droit de préférence uniquement.

Le droit de préférence ressemble à la préemption; mais il en diffère aussi soit quant à son objet, soit quant à son étendue, soit quant à ses conditions d'exercice.

I. — *Objet du droit de préférence*

Prévu par les articles 41 et suivants du Code foncier le droit de préférence a pour champ d'application les terres amiriés et les wakoufs irréguliers. Il a été inspiré au législateur par des considérations économiques sérieuses. Parfois c'est le désir d'éviter le parcellement extrême des champs; parfois aussi c'est le désir du législateur de permettre aux cultivateurs d'acquérir la terre dont ils ont besoin à l'exclusion de tout autre et contre paiement non de la somme offerte par le dernier enchérisseur, mais de la valeur du sol estimée aux dires d'experts.

La loi foncière accorde le droit de préférence dans trois cas où les bénéficiaires et les délais d'exercice du droit sont différents :

1° Droit de préférence en cas de transfert, c'est-à-dire d'aliénation du sol ;

2° Droit de préférence en cas de décès du possesseur d'une terre sans héritiers;

3° Droit de préférence en cas de concession de terres domaniales.

Premier cas : Au cas du transfert de la terre pour cause de vente, donation, etc... la loi accorde l'exercice du droit de préférences aux personnes suivantes :

1° Aux copossesseurs de la terre ou d'un droit réel ou d'une servitude sur le fonds transféré pendant un délai de cinq années.

2° Aux habitants du village où la terre est située s'ils ont un besoin reconnu de cette terre et si l'acquéreur est étranger au village pendant un an.

3° Aux propriétaires des constructions et plantations de pleine propriété, faites sur une terre domaniale possédée par une autre personne et aliénée au profit d'un tiers, pendant un délai de dix ans.

Deuxième cas : L'article 59 du Code foncier modifié par la loi de 1331 H dit :

« Si le possesseur d'une terre amirié décède sans laisser des héritiers, la terre sera donnée contre paiement du tapou, c'est-à-dire du juste prix, aux personnes suivantes :

1° Aux individus qui ont hérité d'arbres ou de construction de pleine propriété sur la terre pendant 10 années ;

2° Aux associés et copossesseurs du défunt pendant cinq ans;

3° Aux habitants du village dans les limites duquel est située la terre pendant un an. »

Troisième cas : L'arrêté sur le Domaine privé de l'Etat donne la préférence dans les lotissements et l'aliénation des terres domaniales aux locataires et cultivateurs qui les mettent en valeur. Ceux-ci sont dispensés d'enchérir et peuvent acquérir leurs terres moyennant le paiement du prix minimum fixé par l'Etat.

Il convient de remarquer que les délais d'exercice du droit de préférence ne sont pas soumis à la suspension ou à l'interruption comme ceux de la prescription.

Dans chaque cas, chacune des catégories indiquées par la loi exclue les catégories suivantes. Lorsque plusieurs titulaires d'une même catégorie demandent un terrain en vertu de leur droit de préférence, ils le reçoivent en concurrence et par parts égales à leur nombre.

Le Tribunal civil est compétent pour statuer sur l'exercice du droit de préférence dans le premier cas; les deux autres cas rentrent dans la compétence du Bureau foncier et du Service des Domaines.

Nous n'examinons pas d'autres modes d'acquisition de la propriété telle que la vente forcée par les soins du Bureau exécutif. Ces modes ne présentent pas des liens de parenté avec la législation foncière.

CHAPITRE II

Modes de transmission des droits réels

La transmission héréditaire des immeubles de pleine propriété et des meubles se fait conformément aux prescriptions de la loi coranique; celle des terres amiriés, des wakoufs irréguliers et des droits réels nés du démembrement des wakoufs réguliers est régie par une législation civile absolument étrangère à la conception religieuse préconisée par le législateur ottoman et semblable aux lois successorales européennes.

Nous avons vu dans les chapitres relatifs au droit de possession des terres domaniales que ce droit d'abord personnel parce que né d'un contrat de location s'est développé et transformé en droit réel susceptible d'aliénation et de transmission héréditaire. Or le législateur en acceptant, favorisant et consacrant cette transformation a considéré que la transmission de la possession des terres ux héritiers ne se fait pas en vertu d'un droit d'hérédité « Hakelurs » basé sur la parenté légitime et coulé en bronze par les règles du Coran; mais il se fait en vertu de la volonté du législateur qui pour des considérations d'équité et d'utilité sociale et économique plaçait le droit de possession comme un élément nouveau dans le patrimoine du possessur et en permettait le transport après sa mort sur des têtes nouvelles. Dans le choix des personnes à qui il voulait transporter le droit de possession le législateur s'est inspiré de deux principes :

1" Un principe d'équité qui commandait de tenir compte des droits du possesseur et du travail de sa famille dont la collaboration lui est indispensable pour l'exploitation agricole de la terre et qui est sa collaboratrice naturelle.

2° Un principe d'utilité économique qui commande de confier le sol aux personnes les mieux aptes pour en assurer la mise en valeur.

Or les personnes les plus qualifiées pour continuer l'exploitation de la terre dans les meilleures conditions sont ordinairement celles qui y ont toujours travaillé et vécu avec l'espoir d'y rester. La nature éclairait le choix du législateur.

La transmission héréditaire des terres domaniales est donc née d'une source purement civile, la volonté du législateur éclairée par des considérations d'équité et d'utilité. Commencée par un décret imprial de l'an 975 H., qui accordait la transmission gratuite aux enfants mâles du possesseur, cette institution a trouvé sa forme achevée dans la loi du 27 Rabi Aoual 1331 H.

Actuellement lorsqu'un possesseur de terres domaniales décède, son patrimoine est partagé en deux masses successorales : 1" les meubles et les immeubles de pleine propriété soumis au partage de la loi religieuse.

2° Les terres amiriés, les wakoufs irréguliers et les droits d'idjaratein et de Moukataa soumis à la dévolution de la loi civile.

Et comme nous savons, d'autre part, que les terres domaniales ne peuvent faire l'objet d'un legs ou d'un testament, nous allons donner un exposé sommaire de la transmission héréditaire civile et des règles qui lui sont particulières exclusivement, l'étude du testament et des règles religieuses successorales dépassant les cadres de notre ouvrage.

L'article 1er de la loi du 27 Rabi A oual 1331 dispose que la transmission héréditaire des terres amiriés et des wakoufs irréguliers est dévolue selon les classes et les degrés sous-indiqués à une ou plusieurs personnes appelées titulaires du droit de transmission.

Les dispositions suivantes divisent ces titulaires en quatre classes. Une classe est composée d'un ou de plusieurs titulaires dont la présence individuelle ou collective exclue la dévolution aux titulaires de la classe subséquente. La représentation et la réserve au profit de certains successibles apportent une dérogation à l'ordre des classes.

1° Dans la première classe sont appelés les descendants du *de cujus* à tous les degrés les uns de leur propre chef, les autres par représentation admise sans restriction. Les premiers héritent par tête et reçoivent des parts égales sans privilège de masculinité; les autres héritent par souche et reçoivent la part de leur représenté qu'ils se partagent dans les mêmes conditions que les premiers.

Concours des titulaires de première classe et des successibles privilégiés : Si le *de cujus* laisse un père ou une mère ou un conjoint en même temps que les titulaires de la première classe, il sera prélevé sur la masse partageable un sixième de la masse pour chacun des père et mère et un quart de la masse pour le conjoint ou les conjointes, s'il y en a plusieurs, de telle sorte qu'en présence de tous les privilégiés il ne reste aux titulaires de la première classe que les cinq douzièmes de la masse partageable.

2° Les titulaires de la seconde classe, dit l'article 3, sont les père et mère et leur lignée. Si le père et la mère sont tous deux survivants, la masse sera partagée par moitié entre eux; si l'un d'eux est précédemment décédé, sa part reviendra à sa lignée, c'est-à-dire à ses descendants par degré le plus proche et suivant la représentation; s'il n'a point de descendants, sa part sera dévolue à l'autre lignée. Si tous les deux sont décédés, la masse sera également divisée en deux parts égales, une pour la lignée des descendants du père et l'autre pour la lignée des descendants de la mère. Et si l'un des père et mère n'a point de descendants, toute la masse des biens sera transmise à la lignée de l'autre.

3° Les titulaires de la troisième classe sont le grand-père et la grand-mère paternels et leurs descendants et le grand-père et la grand-mère maternels et leurs descendants. La masse des biens sera partagée en deux parts égales, l'une pour la souche paternelle, l'autre pour la souche maternelle: chaque souche comprenant un grand-père et une grand-mère leur part se subdivise à son tour en deux rameaux égaux.

Il y a donc deux souches et quatre rameaux. En cas d'absence des titulaires d'un rameau leur part accroît celle du rameau de la même souche et en cas de défaut des titulaires des deux rameaux, la part de leur souche accroît celle de l'autre souche.

La succession ne remonte pas plus haut dans la ligne ascendante.

Concours des successibles privilégiés et des titulaires des deuxième et troisième classes : En cas de concours de ces titulaires avec un conjoint survivant ou des conjointes, il sera prélevé au profit de ces privilégiés la moitié de la masse des biens, tandis que l'autre moitié reste à la classe appelée.

4° Les titulaires de la quatrième classe sont le conjoint ou les conjointes survivants qui reccueillent la totalité de la masse successorale.

Telles sont en résumé les dispositions de la loi successorale de l'an 1331 animée par des préoccupations d'équité, d'utilité et de relèvement de la condition sociale de la femme qu'elle place sur le même niveau que l'homme en lui accordant une part égale et en la rangeant et parmi les successibles privilégiés et parmi les titulaires à la transmission héréditaire.

CHAPITRE III

Extinction des droits réels immobiliers

Comment concilier les dispositions que nous allons exposer avec le principe fondamental du Droit musulman qui affirme que le droit ne meurt jamais? L'explication est facile en ce qui concerne la vacance des terres domaniales. Le droit de possession émanant de la volonté du législateur revient à l'Etat lorsque le possesseur ne le mérite plus par le délaissement de la terre ou qu'il s'en montre indigne par la violation de certaines lois d'ordre public ou qu'il ne laisse pas des héritiers à qui le législateur a jugé utile de transmettre la possession du sol gratuitement.

Mais que dire de la prescription ?

Nous avons vu à propos de l'usucapion que les jurisconsultes musulmans en établissant par la prescription libératoire l'extinction de certaines actions personnelles et réelles ont entendu non éteindre mais immortaliser le droit en le plaçant sous le puissant égide du temps à l'abri des actions frauduleuses qui peuvent être intentées par des prétendants de mauvaise foi et être favorisées par la perte de la preuve du juste titre du véritable propriétaire. Ce désir du législateur ressort pleinement de la lecture des recueils des jurisconsultes musulmans et des dispositions du Code civil et du Code foncier. La prescription n'a d'effet que lorsqu'elle a été invoquée spontanément et *in limine litis*. Elle est censée protéger le droit et le juste titre. Mais si le bénéficiaire d'une prescription laisse le soupçon effleurer expressément ou tacitement la légitimité de son droit en acceptant de discuter les prétentions adverses, en omettant d'invoquer la prescription *in limine litis* ou en reconnaissant l'absence du juste titre à l'origine de sa possession et en se prévalant uniquement de l'extinction de l'action de son adversaire, c'est-à-dire en invoquant la force du temps sans le juste titre, il perd tout simplement le bénéfice de sa prescription.

Ceci dit, nous allons exposer successivement les principales applications de la prescription et de la vacance des droits réels immobiliers.

Section I

Prescription extinctive

Délais. — Les délais prévus par la loi pour la prescription des divers droits réels varient suivant les catégories des immeubles.

1° Les actions réelles relatives aux terres de pleine propriété bâties ou non bâties à tous leurs accessoires et aux servitudes d'écoulement d'aqueduc de passage qui les grèvent sont prescrites par 15 ans sauf l'action de préemption prescriptible en un mois.

Les actions relatives aux droits de Moukataa et d'idjoratein se prescrivent par la même durée.

2° Les actions réelles relatives aux terres et aux wakoufs irréguliers à leurs accessoires et aux servitudes dont elles sont grevées sont prescrites par dix ans sauf pour l'exercice du droit de préférence dont nous avons vu les délais spéciaux.

3° Enfin les actions réelles relatives aux wakoufs réguliers et au droit éminent de l'Etat sur les terres domaniales « Rakaba » ainsi qu'à leurs accessoires et servitudes sont prescrites par 36 ans.

Biens imprescriptibles. — Par contre, sont imprescriptibles les immeubles du domaine public de l'Etat, les terres communes « métroukés » ainsi que les cours d'eau et forêts affectés à l'usage des collectivités.

Point de départ de la prescription. — Les délais courent à partir du moment où l'instance en justice était devenue recevable, c'est-à-dire à partir de la date où le droit a été violé et la possession a commencé. Les délais passés par le premier possesseur et puis par ses ayants cause s'additionnent pour former la prescription.

Suspension et interruption. — Enfin, la prescription peut être suspendue par trois causes, à savoir : la minorité, la démence, l'absence et interrompue par deux moyens : la citation en justice et l'aveu écrit extra-judiciaire.

Section II

L'Etat de vacance

On dit d'un immeuble qu'il est en état de vacance lorsqu'il a été dégrevé des droits réels dont il était l'objet : propriété, possession, oakauf, etc. et a fait retour au domaine de l'Etat pour des causes déterminées par la loi.

Il y a trois causes principales de vacance : la déshérence, l'abandon de la terre amirié sans culture, l'expropriation résultant de certaines condamnations pénales. La vacance succède parfois à la possession reconnue sans juste titre ou à la vivification d'une terre morte sans autorisation préalable, autant de cas que nous avons déjà examinés accessoirement en traitant d'autres sujets.

I. — *Vacance pour cause de déshérence*

La déshérence, c'est-à-dire l'absence de tout héritier légitime désigné par la loi religieuse pour les immeubles de pleine propriété et par la loi foncière pour les terres amiriés et les wakoufs irréguliers entraîne ces immeubles à l'état de vacance et les place dans le domaine privé de l'Etat.

II. — *Vacance pour cause d'abandon de la terre sans culture*

Les terres « memloukés » de pleine propriété échappent à cette cause de vacance, puisque le *jus abutendi* accorde au propriétaire le pouvoir de tout faire de son immeuble comme de n'en rien faire.

Par contre, si le possessur d'une terre amirié ou d'un wakouf irrégulier en abandonne la culture et la laisse en friche pendant trois années consécutives il en est dépouillé, et la terre tombée en vacance fait retour à l'Etat si elle n'est rachetée par le premier posesseur moyennant le paiement du juste prix fixé d'après estimation. Nous avons vu, au cours de notre étude du droit de possession que la mise en valeur de la terre est l'obligation fondamentale que l'Etat impose au possesseur des terres domaniales comme condition du maintien de la concession du sol. Cette obligation étant nécessaire pour la mise en valeur du sol national nous l'avons approuvée sans réserve et souhaité que l'Etat en assure la stricte application.

Excuses légitimes. — Les articles 68 et suivants du Code foncier indiquent à titre d'exemples six cas d'excuses légitimes qui empêchent la mise de la terre en état de vacance. On peut en déduire la règle générale suivante que la vacance n'est point encourue chaque fois que l'abandon de la culture du sol a été motivé par les besoins de l'griculture ou par un cas de force majeure tel que l'innondation, l'invasion de l'ennemi, l'enrôlement du possesseur, etc. Il en est de même lorsque le possesseur est un mineur, dément ou interdit. L'agent foncier doit sommer son tuteur d'assurer l'exploitation du sol; et si le tuteur ne le fait pas l'agent du Bureau foncier donne la terre en location et en verse le loyer au tuteur jusqu'à ce que le possesseur puisse reprendre ses intérêts en main. Cette mesure est commandée dans l'intérêt de l'Etat et de l'incapable.

III. — *Expropriation pour cause de délit*

L'arrêté du 7 septembre 1925, n° 290, établissant la Cour de Justice à Damas pour la répression des délits commis à l'occasion de l'insurrection ordonne la mise sous séquestre et l'expropriation des immeubles de toutes les personnes qui seraient condamnées pour cause d'insurrection. L'arrêté d'amnistie de février 1928 a restitué tous leurs biens à tous les condamnés ayant rempli les conditions requises pour bénéficier de l'amnistie. Mais de vastes domaines aussi sont restés à l'Etat, et furent déclarés à l'état de vacance et confiés à la gestion du Service des Domaines.

Les terres tombées en vacance sont cédées de nouveau au dernier enchérisseur sauf lorsqu'elles sont demandées par un bénéficiaire d'un droit de préférence tenu d'en payer simplement le juste prix, tel que nous avons déjà vu au cours de l'étude de ce droit.

CHAPITRE IV

Modes de constatation et de conservation des droits réels immobiliers

Le progrès de la législation foncière consiste à assurer la sécurité dans la constatation, la conservation et la jouissance des droits réels sur les immeubles. Nous avons vu que déjà depuis les époques les plus reculées les droits individuels faisaient en Syrie l'objet d'inscription sur des tablettes d'argile.

Le titre préparé pour établir le droit de propriété se présentait sous la forme d'un acte privé contenant la relation du témoignage de témoins nombreux et honorables affirmant la vérité du fait juridique dont le titre faisait l'objet. Ce titre servait pour établir en même temps et le droit de propriété et la possession.

La loi musulmane s'est appropriée ce système et l'a perfectionné.

D'autre part, les concessions de terre faites soit à titre de propriété, soit à titre de possession étaient inscrites sur des registres officiels et constatées par des titres de cession délivrés aux cessionnaires. Une administration spéciale conservait les titres dans se archives et percevait les impôts et redevances dus par les propriétaires et possesseurs.

Ce procédé adopté par les Turcs lors de la conquête a persisté dans ses formes générales jusqu'à l'année 1276 H. Une loi portant cette date et prévue par le Code foncier a réglé la délivrance de titres nouveaux appelés « seneds tapou » à tous les possesseurs des terres amiriés soit en remplacement des anciens titres délivrés par les feudataires, les collecteurs d'impôts et les percepteurs, soit en vertu de la possession paisible pendant dix ans. Les « seneds tapou » émanaient directement de l'Etat et portaient le cachet de l'Empire.

On restait en présence de deux sortes de titres : les actes sous seing privé pour la constatation de la propriété des immeubles et des terres memloukés et les titres officiels que sont les seneds tapou pour la constatation de la possession des wakoufs irréguliers et des terres amirisé.

Les lois du 28 Rajab 1291 et du 9 Rabi Aoual 1293 ont étendu le régime des seneds tapou aux immeubles de pleine propriété urbains et ruraux. Ainsi l'Etat s'est réservé le monopole exclusif de constituer la propriété et de la protéger. Désormais, nul ne pouvait se dire propriétaire s'il n'était muni d'un sened tapou délivré par l'administration compétente, « le Defter Khané » et revêtu du cachet impérial.

Enfin la loi du 5 Journmada Aoual 1331 a confirmé de nouveau le principe que toute propriété et toute possession doivent être constatées par un send tapou ; les tribunaux et les administrations de l'Etat ont reçu l'interdiction de connaître des procès ou d'accomplir toutes formalités relativement aux immeubles au cas où le propriétaire ou le possesseur ne pouvait produire ce titre.

En outre, une loi de l'année 1318 H. avait déjà déclaré nulle et non avenue entre les parties et à l'égard des tiers toute aliénation immobilière si elle n'était constatée **par** un transfert de propriété dans le Registre foncier. Tant que le transfert n'était pas effectué au Registre foncier l'aliénation ne devenait pas définitive, fut-elle constatée par un acte notarié et les parties elles-mêmes pouvaient se prévaloir de cette cause de nullité.

Divers livres fonciers. — Tout caza forme une circonscription foncière où sont tenus les Livres fonciers suivants :

1° Les registres dressés à la suite des recensements locaux ordonnés en 1276 et 1293; ils sont désignés sous le nom de Yoclama ou de recensement.

2° Le Registre des mutations et transmissions survenues depuis le recensement. C'est une sorte de livre journal sur lequel sont relatées toutes les opérations immobilières au fur et à mesure qu'elles se présentent et dans l'ordre chronologique.

3° Le Registre des immeubles tombés en vacance appelé le « Mahloulat » sur lequel on inscrit les immeubles en état de vacance et les autorisations accordées pour la vivification des terres mortes.

4° Le Registre hypothécaire établi depuis l'année 1922 et destiné à l'inscription de toutes les sûretés réelles immobilières.

DÉLIVRANCE DE SENEDS TAPOU. — Il y a lieu de distinguer divers cas :

1° S'il s'agit d'un immeuble qui n'a pas fait encore l'objet d'une inscription le titulaire doit établir par tous les écrits et éléments de preuve dont il dispose ainsi que de la preuve testimoniale et un droit de propriété et sa possession paisible s'il s'agit d'une terre memlouké, une possession paisible pendant dix années seulement s'il s'agit d'une terre domaniale.

La demande de délivrance du titre est alors transmise au Conseil administratif du caza qui, après enquête et transport sur les lieux rend une ordonnance accordant ou refusant la délivrance du titre; cette décision est susceptible d'appel devant le Conseil administratif du saudjak.

2° S'il s'agit d'un immeuble déjà inscrit la délivrance d'un titre nouveau se fait à l'occasion d'une mutation ou d'une transmission héréditaire. Dans le premier cas les parties ou leurs mandataires doivent présenter au Bureau foncier un ilmou khabar « déclaration ». C'est un certificat par lequel le moukhtar et le Conseil des Anciens du village ou du quartier attestent que le vendeur possède réellement et actuellement l'immeuble. Le prix, les limites et les autres indications sont désignés également sur ce certificat. Les deux parties présentes ou dûment représentées au Bureau foncier, le vendeur confirme le contenu du certificat et appose sa signature sur le registre des mutations.

Dans le cas d'une transmission, l'ilmou khabar présenté par l'héritier doit établir la possession du *de cujus*.

Le sened tapou délivré au titulaire contient toutes les indications essentielles relatées sur le Registre des mutations sous la signature et la responsabilité du directeur du Bureau foncier.

FORCE PROBANTE DES SENEDS TAPOU. — D'après l'article 1737 du Code civil et l'article 3 de la loi sur la possession des immeubles, le sened tapou fait foi de toutes les indications qui y sont relatées et s'impose au respect des tribunaux jusqu'à ce que le dit titre ait été annulé par un jugement du tribunal civil passé en force de chose jugée.

Ce système n'apportait pas une sécurité absolue à la propriété immobilière. Les Turcs en ont inauguré une réforme radicale que la grande guerre a arrêtée.

Les Etudes de la Commission des Services fonciers du Haut Commissariat français ont abouti à une réforme dont les principes sont contenus dans les quatre arrêtés n°ˢ 186, 187, 188, 189 de l'année 1926.

Les deux arrêtés n°ˢ 186 et 187 règlent les travaux du recensement et de la délimitation de la propriété immobilière qui doivent servir de fondement au nouveau régime.

Régime nouveau de la conservation foncière

Ce régime établi par l'arrêté n° 188 du 15 mars 1926, est entré en vigueur déjà dans certaines régions de la Syrie et du Liban; son applicatio ns'étend au fur et à mesure que la délimitation et le recensement sont effectués. Nous allons exposer sommairement l'économie du nouveau régime.

I. — *Le registre foncier*

On appelle Registre foncier l'ensemble des documents qui donnent l'état descriptif de chaque immeuble, déterminent sa situation juridique, mentionnent les droits et charges dont il fait l'objet et relatent les mutations et modifications y relatives. Il comprend le livre de propriété et les documents complémentaires: journal, procès-verbaux de délimitation et de recensement, plans cadastraux, pièces justificatives, etc. (art. 1ᵉʳ).

Circonscription foncière. — Chaque village ou ville constitue dans ses limites une circonscription foncière et fait l'objet d'un Registre foncier.

Livre foncier. — Le livre foncier ressemble à un registre d'état civil des immeubles; il contient un nombre déterminé de feuillets, et chaque feuillet constitue une sorte d'acte d'état civil sur lequel est inscrit un seul bien fonds et porte un numéro spécial. L'immatriculation d'un immeuble dans un livre foncier d'une circonscription donnée est déterminée par les indications des procès-verbaux de délimitation et de recensement et des plans qui y sont annexés.

Tout feuillet comprend quatre pages du Livre foncier dont chacune est affectée à certaines inscriptions spéciales dont la publicité est requise par la loi, soit obligatoirement, soit facultativement.

11. — *Publicité des droits réels*

La loi soumet à l'inscription obligatoire sur le feuillet consacré à chaque immeuble dans le Livre de propriété.

1° Tous les droits réels notamment la propriété, le tassarouf, le wakouf, la superficie, l'usufruit, l'antichrèse, la vente à réméré, les privilèges et hypothèques, les servitudes, le droit de préférence sur les terres mortes, le moukataa, l'idjaratein, etc.

2° Les restrictions au droit de disposer des immeubles et les saisies immobilières.

3° Toutes actions réelles ayant le dit immeuble pour objet.

4° Toutes conventions entre vifs, à titre gratuit ou onéreux, tous jugements passés en force de chose jugée et en général tous faits ayant pour objet de constituer, transmettre, déclarer, modifier ou éteindre un droit réel.

SANCTION. — L'inscription au Livre de propriété est la condition indispensable exigée par la loi pour qu'un titulaire puisse se prévaloir de ces droits réels, actions, contrats et jugements sur l'immeuble et les opposer aux tiers. En outre, tous les actes volontaires et les conventions ayant pour effet de constituer, transmettre, déclarer, modifier ou éteindre un droit réel ne produisent effet même entre parties qu'à dater de l'inscription sans préjudice des droits et actions réciproques des parties pour l'inexécution de leurs conventions (art. 11).

INSCRIPTION FACULTATIVE. — La loi soumet à l'inscription facultative les baux à ferme ou à loyer et les quittances ou cessions d'une somme équivalente à plus d'une année de loyers ou fermages non échus.

Ces contrats sont valables entre les parties dans tous les cas. Mais à l'égard des tiers il y a lieu de distinguer : s'ils ont été rendus publics par une inscription au Livre de propriété ils sont opposables à tous les droits inscrits postérieurement pour toute leur durée quelque longue qu'elle soit. Par contre, s'ils ne sont pas inscrits ils ne sont pas opposables aux tiers pour toute durée dépassant trois années de location (art. 12 et 16).

PROCÉDURE DE L'INSCRIPTION. — L'inscription se fait sur la déclaration du propriétaire de l'immeuble. Mais cette déclaration n'est pas nécessaire si le requérant de l'inscription se fonde sur un texte de la loi, ou sur un jugement ou sur un acte donnant droit à l'inscription d'office.

Toute personne requérant une inscription doit se présenter en personne ou se faire représenter légalement au Bureau foncier. Si l'inscription se fonde sur un acte synallagmatique la comparution des deux parties est nécessaire.

Les conventions qui doivent être rendues publiques peuvent être constatées par une déclaration verbale ou écrite, par un acte sous seing privé ou authentique, à moins qu'il ne s'agisse d'acte passé à l'étranger et qui doit revêtir la forme authentique ou d'actes que les lois spéciales soumettent à un formalisme déterminé tel que le wakf.

Le chef du Bureau auxiliaire reçoit la déclaration des comparants, dresse un procès-verbal en trois exemplaires qu'ils signent tous et il joint au procès-verbal toutes pièces justificatives.

Le requérant peut obtenir une inscription sans comparaître au Bureau foncier en y adressant une requête à trois exemplaires où sa signature est dûment légalisée et en joignant à son exploit toutes les pièces justificatives. Les signatures des deux parties sont légalisées au cas d'un contrat synallagmatique.

Radiations. — Les inscriptions peuvent être radiées soit par l'accord des parties, soit en vertu d'un jugement constatant l'extinction du droit, passé en force de chose jugée.

Délivrance des titres. — Le propriétaire seul a droit de prendre un titre contenant toutes les indications du feuillet de son immeuble. Pour les autres intéressés chacun peut obtenir un certificat d'inscription de son droit.

Publicité. — Les registres fonciers sont tenus à la disposition du public. Toute personne peut obtenir les renseignements nécessaires après paiement des droits réglementaires de recherche et de copie.

Responsabilité de l'Administration. — Le conservateur foncier est responsable civilement de tout préjudice causé aux intéressés par une faute de sa part, même d'une simple omission. L'Etat est le garant solidaire de cette responsabilité.

III. — *Force probante du nouveau titre de propriété*

Les nouveaux titres font preuve de leur contenu jusqu'à inscription de faux pour les déclarations faites devant l'agent foncier et jusqu'à la preuve du contraire pour le reste.

L'inscription acquiert une **force** probante absolue s'il s'est écoulé deux ans à dater du jour de l'immatriculation de l'immeuble sans qu'aucune opposition portant sur la propriété ait été faite et mentionnée au Livre de propriété ou si les oppositions ont été écartées. Le titre devient ainsi inattaquable. Seulement en cas de dol les intéressés peuvent exercer une action en dommages-intérêts contre l'auteur du dol.

En outre la prescription ne peut plus être opposée aux droits inscrits au Registre foncier.

Telle est l'économie de la loi nouvelle sur la conservation de la propriété foncière; elle apporte de sérieuses garanties pour assurer la protection et la publicité des droits réels et constitue une base solide au régime hypothécaire : sécurité dans les échanges et pour les capitaux dont nous avons besoin pour notre relèvement économique dans toutes les branches de l'activité nationale.

TROISIÉME PARTIE

Le Régime économique de la terre

Le statut foncier, que nous avons exposé dans les précédents chapitres, exerce une influence prépondérante sur la condition économique de la terre puisqu'il constitue le milieu juridique dans lequel l'homme déploie son activité sur le sol pour le mettre en valeur, l'acquérir, le transmettre à autrui, en disposer comme un instrument de crédit et l'approprier à la satisfaction de ses besoins. Etant d'une quantité limitée pour chaque nation et pour chaque catégorie de culture, répondant à un besoin essentiel du genre humain, celui de l'alimentation, la terre est la richesse sociale par excellence; aussi le législateur qui en détermine le statut, doit-il obéir, à la fois, à des considérations économiques et juridiques et concilier la justice individuelle avec l'utilité sociale; la meilleure législation foncière serait celle qui, tout en respectant les droits de l'individu, parvient à les concilier avec les intérêts supérieurs de la collectivité pour retirer l'utilité maxima du sol.

Ceci dit, et en envisageant le point de vue économique, nous allons tracer sous cette rubrique une vue d'ensemble de la terre syrienne et étudier les lois et institutions qui influent directement sur sa mise en valeur et son exploitation agricole.

CHAPITRE PREMIER

———

La terre et la population [1]

— — —

La Syrie s'étend entre le Taurus, l'isthme de Suez, l'Euphrate et la Méditerranée; c'est ainsi que les Anciens la délimitaient [1]. Compris entre le 31e et le 37° degrés de latitude Nord, ce pays, maritime à l'ouest, montagneux au centre, désertique à l'est, offre une grande variété de climats et autant de régions naturelles distinctes. C'est ainsi que le relief du sol permet de diviser la Syrie en quatre zones : la côte, la montagne, les plaines de l'intérieur et le désert.

La côte et les premiers versants de la montagne sont soumis au régime méditerranéen. L'hiver y est doux, tandis qu'une chaleur humide et accablante y sévit pendant l'été. Des plaines étroites et fertiles s'étendent dans cette zone côtière où les arbres fruitiers, la culture maraîchère,

(1) Voir la Géographie de l'Asie Occidentale par R. Thounin, p. 52 et suiv.; également le Traité d'Arboriculture, en arabe, par l'émir Moustapha Chéhali, directeur du Service des Domaines en Syrie.

(2) Strabou XVI, cité par Thounin; également Histoire de la Syrie, Vol. I par Kurdali.

les céréales, les plantes textiles et oléagineuses trouvent un terrain particulièrement favorable.

Le climat est continental sur les montagnes du Liban, de l'Anti-Liban et des Ansariés avec ses excès et ses brusques variations de température. Les arbres fruitiers, la vigne, le mûrier et les céréales peuvent y prospérer plus difficilement que sur les plaines de la côte. En effet, dans ces régions, la terre cultivable est une véritable création de l'homme et l'effort que représente la culture en gradins, comme au Liban, est immense.

Les plaines de l'intérieur, étendues entre le Liban et l'Anti-Liban, comme la Béka, ou chevauchant sur les confins du désert comme le Haurân, le plateau de l'Euphrate et les vastes steppes de Homs et d'Alep ont un climat continental froid et humide pendant l'hiver, sec et chaud pendant l'été. Mais le sol riche d'alluvions est extrêmement fécond: sa fertilité se manifeste toutefois que l'on réussit à en assurer l'irrigation. Les céréales, les arbres fruitiers de toutes sortes, la vigne, le mûrier, les plantes oléagineuses et textiles y trouvent un milieu également propice.

Enfin, la région désertique n'est pas sans intérêt économique ; les pluies de l'hiver en couvrent les steppes d'une herbe grasse, très goûtée par le chameau et le mouton. En creusant un nombre de puits suffisants pour alimenter les bédouins et leurs troupeaux d'eau potable, on peut y développer l'élevage du mouton en des proportions considérables; ce qui permettra au pays soit d'entretenir des industries nouvelles, soit d'exporter de grandes quantités de laine, de viande et de beurre.

La quantité des précipitations atmosphériques diminue à mesure que l'on s'avance de l'Ouest à l'Est jusqu'à devenir rares dans le désert. On peut traduire les moyennes annuelles par les chiffres suivants :

La côte reçoit annuellement de 700 à 900 m/m de pluie.

La zône montagneuse en reçoit de 500 à 700 m/m.

Les plaines de l'intérieur en reçoivent de 200 à 500 m/.m.

La Syrie présente donc des climats de transition entre le régime méditerranéen et le régime désertique et autant de régions agricoles propres aux cultures les plus variées.

Ces observations générales relèvent un peu du domaine de la géographie et s'appliquent à la Syrie entière envisagée dans ses frontières naturelles. Les vicissitudes de la politique en ont séparé provisoirement la Palestine, le Liban et la montagne des Alaouites. Aussi sommes-nous obligés de restreindre notre étude sous les rubriques suivantes à l'Etat de Syrie tel qu'il est limité actuellement en vertu des arrêtés émanant du Haut-Commissariat au nom de la Société des Nations.

Dans une première section, nous allons exposer les différentes catégories de terres exploitables en Syrie, leur répartition en petite et grande propriété, en propriétés collectives et en propriété divises et indivises. Une seconde section sera consacrée à l'étude démographique de la population syrienne au point de vue de ses rapports avec l'exploitation agricole de la terre.

Section *I*

L'exploitation agricole de la terre

L'Etat de Syrie, d'une superficie de 176.000 kilomètres carrés, comprend le plateau du Hauran, le versant oriental de l'Antiliban, les plaines de Damas, de Homs, d'Alep, le Sandjac d'Alexandrette, le versant Sud du Taurus, la presqu'île située sur le haut cours de l'Euphrate appelée la haute Djézireh, enfin les plateaux de Palmyre et de Deirezzor qui s'étendent entre l'Euphrate et l'Oronte.

I. — *Des diverses catégories exploitables* [3]

D'après les statistiques du Ministère de l'Agriculture, le territoire de la Syrie se divise en six catégories : les terres cultivables, les pâturages, les terres laissées à la transhumance des tribus bédouines, les marécages et les terres incultes, les forêts, enfin les terres non susceptibles de culture. Il y a une grande différence entre l'étendue de ces diverses catégories, ainsi qu'il résulte du tableau suivant :

Les terres cultivables.......	2.626.300
Les pâturages	188.230
Le domaine des tribus bédouines	7.950.300
Les terres marécageuses et incultes	3.790.840
Les forêts	124.645
Les terres non susceptibles de culture	1.662.470
	16.342.785

Comme on le voit, l'étendue des terres livrées à la culture est le sixième de la superficie totale du territoire. Mais il ne faut pas croire qu'elle corresponde à l'étendue de la culture annuelle. La proportion des terres cultivées annuellement à la superficie générale du sol cul-

(3) Nous devons ces renseignements à l'obligeance de M. Achard, conseiller agronome, de M. Abdul Sattar bey Maamani, inspecteur d'agriculture et de l'émir Moustapha Chéhabi, directeur du Service des Domaines.

tivable varie beaucoup selon les régions ; elle est de moitié dans le Sandjac de Hauran, du quart dans la Damascène, de huit pour cent dans le Sandjac de Homs, de trente quatre pour cent dans celui de Hama, de quatrevingt dix pour cent dans la région du Nord et enfin de vingt-cinq pour cent dans le district de Deirezzor. L'ensemble des terres cultivées annuellement est d'un million d'hectares, ce qui donne une proportion générale de deux cinquièmes, ou de 40 pour cent du sol cultivable; les trois autres cinquièmes restent en jachère ou servent provisoirement de pacages en attendant que la charrue vienne les rendre à la vie agricole.

Il résulte de ces indications que le sixième du territoire syrien est livré à l'exploitation agricole et que la culture annuelle s'étend sur un million d'hectares soit le seizième de la superficie totale du pays. Cette proportion nous paraît d'autant plus faible et désolante lorsque nous la comparons avec l'état des terres labourables de certains pays d'Europe.

Ainsi les proportions des terres labourables et des pâturages, par rapport à la superficie totale était pour les pays suivants en 1923 :

	Terres labourables	Prairies, pâturages
France	42,6 %	16,9 %
Allemagne	41,8 %	20,0 %
Angletrre	24,9 %	54,0 %
Syrie	17,0 %	50,0 %

Il y a lieu d'observer que le sol des pâturages et des domaines abandonné à la transhumance des tribus bédouines, est susceptible d'exploitation agricole ; il est laissé en friche parce qu'il n'y a pas une main-d'œuvre suffisante pour le mettre en valeur et que les ouvrages d'art et les canalisations, qui en permettaient l'irrigation, ont été détruites. On peut faire la même observation à propos des terres marécageuses dont le dessèchement permettra la mise en valeur d'un sol inépuisable en matières fertilisantes naturelles.

Il est certain que le progrès de l'agriculture consiste à améliorer la culture des terres actuellement labourables et à en élargir l'étendue en restreignant les pâturages et le domaine délaissé aux bédouins. Les statistiques du Ministre de l'Agriculture relatives aux dernières années permettent de constater un progrès lent il est vrai, dans l'extension de la culture annuelle. Nous reproduisons à ce sujet les indications concernant la région Sud, c'est-à-dire Hauran, Damas, Homs, Hama et leurs circonscriptions administratives.

ANNÉE	SURFACE LABOURÉE	
1923	158.800	hectares
1924	150.000	—
1925	335.630	—
1926	217.480	—
1928	258.040	—
1929	220.050	—

On voit que le développement a été rapide pendant les trois premières années, la régression brusque qui apparaît à partir de l'année 1926 provient de causes multiples, notamment de l'insurrection, des ravages de la sauterelle et de l'insuffisance des pluies de l'hiver 1927-1928.

Nous reviendrons sur ce sujet, encore une fois à propos du développement des moyens de production et de l'extension du domaine de l'agriculture.

II. — *La répartition de la propriété foncière* [4]

I. — GRANDE, MOYENNE ET PETITE PROPRIÈTÉ. — Quel critérium faut-il prendre en considération pour distinguer entre ces trois formes de propriété rurale ? Il est certain qu'il faut apprécier les rapports d'étendue existant entre les terres, non au point de vue géométrique, mais au point de vue économique. Les rapports qui donnent naissance à cette division et permettent de classer un domaine dans l'une ou l'autre de ses catégories varient à raison de la fertilité du sol, du climat et du mode d'exploitation. Les conditions cemmerciales, les débouchés des produits agricoles, la liberté de pratiquer telle ou telle espèce de culture influent également sur la détermination de ces rapports d'étendue entre les différentes unités de propriétés foncières. Ainsi tandis qu'une propriété de deux hectares située dans l'oasis de Damas suffit pour procurer au possesseur une existence indépendante à cause de la culture maraîchère intensive qu'il peut y pratiquer, un domaine de cinq ou de dix hectares situé dans une région moins fertile et moins accessible aucommerce, telle que la plaine de Salimié et de Deirezzor, suffit à peine à l'existence rustique de son propriétaire. Mais comme il est nécessaire de baser les statistiques sur des rapports de surface déterminés, comme d'autre part les erreurs inévitables commises relativement à une région se trouvent compensées par des erreurs provenant de la situation différente d'une autre région du pays, il en résulte qu'on peut fixer les rapports d'étendue entre les domaines ruraux de chaque Etat en tenant compte des conditions agronomiques et des différences locales.

(4) Voir le Rapport des Services fonciers du Haut Commissariat de 1921.
Voir l'enquête du Ministère de l'Agriculture de Syrie pour la'nnée 1921.

En Syrie, il nous semble qu'on peut classer les terres de 2 à 20 hectares dans la catégorie de la petite propriété, celles de 20 à 100 hectares, dans la catégorie de la moyenne propriété, enfin les domaines de plus de 100 hectares, dans la classe de la grande propriété.

Outre ce critérium géométrique nécessaire pour établir la statistique, M. Philippovieh (5) considère que le véritable critérium économique résulte de la qualité de l'exploitant du domaine rural.

1° On appelle grande propriété dit-il, celle dont la direction seule suffit à occuper un maître appartenant à la classe cultivée. Elle se transforme en propriété latifundiaire lorsqu'elle supplante la petite et la moyenne propriété au point de rendre la classe des petits ou moyens propriétaires politiquement et socialement insignifiante.

2° La propriété moyenne est celle dans laquelle, le maître travaille lui-même à l'exploitation et ne se contente pas d'en surveiller la direction ; il peut recourir à la main-d'œuvre étrangère pour l'assister dans sa besogne mais non pour le remplacer.

3° La petite propriété est celle dans laquelle le maître assure toute l'exploitation agricole, lui-même et avec l'aide de sa famille, elle confine à la propriété parcellaire, appelée aussi naine, lorsqu'elle se morcelle à la suite de partage successifs, en petits domaines, dont l'étendue ne suffit pas à occuper, d'une matière continue le maître et sa famille.

Chaque domaine, quelque soit la catégorie où il est classé, constitue ce qu'on appelle une unité d'exploitation. Ceci est incontestable pour la petite et la moyenne propriété où le possesseur assume la tâche de l'exploitation de sa terre soit à l'aide de sa famille, soit avec l'aide

(5) La Politique agraire par Eugen von Philippovich, ch. II, page 67; également la Propriété paysanne par Auguste Souchou.

d'ouvriers étrangers. Il en est également vrai de la grande propriété, dont le vaste territoire peut être divisé et confié séparément à différents métayers, mais dont l'unité est toujours assurée et représentée par la personne du maître.

En Syrie, où la loi foncière très compliquée crée diverses catégories de terres domaniales, memloukés et mawcoufés, etc., il est difficile d'opérer une classification économique suffisamment nette des parties du sol.

La petite propriété domine dans le Hauran et la plaine de Damas, où l'on voit aussi certains propriétaires posséder plusieurs villages à la fois, elle englobe 60 % de la terre labourable.

Par contre, la grande propriété règne dans les plaines de Homs et de Hama. Certaines familles, de ces deux villes, possèdent 80 % du sol des villages et partagent le reste avec la classe paysanne, il est facile d'en citer un bon nombre dont les domaines englobent 30.000 à 40.000 deunums et même davantage.

Dans la région d'Alep, la grande propriété couvre suivant les cazas de 30 à 75 % de la superficie du sol.

D'autre part, il y a lieu d'observer que le mot « petite propriété » a, en Syrie, une étendue plus vaste que la petite propriété française. Un domaine de 40 hectares est classé en France dans la catégorie des grandes propriétés, tandis que la petite propriété syrienne englobe des domaines de 100 hectares dans les régions de Homs et d'Alep.

Le plus grand propriétaire syrien est l'Etat. Le Domaine privé comprend, outre la nue-propriété des terres amiriés et métroukés, les forêts et les terres mortes, un groupe de deux cent villages environ qui étaient la propriété personnelle du sultan Abdel Hamid et qui appartiennent à l'Etat de Syrie en vertu des clauses du Traité de Lausanne (6). Ces villages ont une superficie de 1.600.000 hectares, répartie dans les différentes régions du pays, et notamment dans les cazas de Joubbejarrah. de Salimié et d'Elhamra qui relèvent du Sandjac de Homs ; ils ont un sol labourable de 550.000 hectares. Ces terres étaient exploitées directement pour le compte du Sultan. La gestion en est régie actuellement par les dispositions de l'arrêté N° 275 du 5 mai 1926 et assurée par le Service des Domaines par voie de métayage ou de fermage ; mais l'Etat tend à vendre ses terres aux paysans, qui les mettent en valeur, dans le but de constituer la petite propriété. C'est ainsi, que cinquante villages ont été allotis et vendus aux cultivateurs, qui les occupent, au cours des années 1927 et 1928.

II. — Aux inconvénients de la grande propriété s'ajoutent ceux de l'indivision, et souvent ce sont les grands domaines qui restent indivis entre les cohéritiers et cumulent ainsi les conséquences fâcheuses des vastes propriétés indivises au détriment de l'économie générale du pays.

III. — Enfin, la propriété collective englobe la majeure partie des terres cultivables du Hauran. On la trouve également dans les Sandjacs de Homs et de Hama, dans le vilayet d'Alep où les opérations du cadastre terminées en 1924 ont révélé l'existence de la propriété collective dans 60 villages de 139 du caza de Maarat en Naaman; les autres villages de ce caza revêtent la forme de la grande propriété indivise.

La propriété collective du sol oppose des obstacles insurmontables au progrès de l'agriculture. Nous avons

---

(6) La propriété de ce domaine a passé, à la suite du rétablissement de la Constitution turque, du patrimoine du Sultan Abdul Hamid à l'Etat ottoman en vertu des deux décrets datés du 26 août 1324 H. et du 20 avril 1909. L'Etat Syrien en a reçu la propriété conformément aux dispositions de l'article 65 du Traité de Lausanne de l'an 1923.

déjà vu dans un précédent chapitre que le chef de famille, relevant d'une collectivité, jouit d'une possession précaire du lot de terre qui lui est assigné par un partage périodique. Nous empruntons la description du partage de la terre collective d'un village du Hauran à un rapport de M. Achard daté du 19 décembre 1925 (7).

« La superficie du territoire du village est soumise à une mutiple division.

« Elle est d'abord divisée en deux « baa», parcelles d'étendue égale dans le périmètre du village, mais d'étendue variable d'un village à l'autre. Ces deux « baa » ne sont pas délimitées sur le terrain, elles ne sont que l'expression des droits des propriétaires du sol : A, propriétaire dans le village X, y possède N deux « baa ». Cette première division est donc fictive. Elle est suivie d'une multiple division réelle.

« La superficie des terres du village est répartie en zônes (mawké) dont le nombre est déterminé par les différentes natures du sol existant dans les limites du village, et la superficie de chaque « mawké » est elle-même déterminée par l'étendue du type du sol qui la forme.

« Pour chaque « mawké » il existe un titre de tapou consacrant les droits de la collectivité des propriétaires du sol.

« La «mawké » est à son tour divisée en nouvelles parcelles dites « saham » d'après un principe qui paraît être basé aussi sur les différences de la nature du sol.

« La « saham » est enfin divisée en parcelles dont le nombre est égal à celui des « ribaa » qui composent le village ; ces parcelles prennent elles-mêmes le nom de « ribaa ».

(7) M. Achard est l'Inspecteur agronome de l'Etat de Syrie et le conseiller du H. C. pour l'agriculture; nous devons à son obligeance, outre des renseignements multiples, ce rapport qu'il nous a communiqué et d'où nous avons tiré de précieuses observations sur l'état de l'agriculture syrienne.

« Tout co-propriétaire possède dans chaque « saham »
un nombre de parcelles égal à celui des « ribaa » qu'il
possède dans le village, et la superficie représentée par
la somme de ces diverses parcelles est égale à la partie
de la superficie du territoire du village à laquelle il a
droit en raison du nombre de « ribaa » qu'il possède.

« A titre d'exemple : le village de Motebin compte 78
« ribaa » et est divisé en 4 « mawké » qui comptent à
leur tour : la 1re, trois sahams, la 2e, deux sahams, la 3e,
quatre sahams et la 4e, une saham. Chaque « saham »
étant divisée en 78 « ribaa » le nombre des parcelles existant dans le village est de 780.

« Dans la propriété collective hauranaise, le nombre
des « mawké » et celui des « saham » étant déterminés
par la diversité de nature des terres du village, la superficie individuelle des parcelles sera d'autant plus réduite que moins étendue sera la « ribaa » fictive du village et que plus variée sera la nature du sol. On peut
ainsi concevoir des parcelles d'étendue extrêmement réduite qui ne pourront être soumises à la culture dans
des conditions convenables qu'en leur donnant une forme
allongée dans laquelle la plus petite dimension sera réduite à l'extrême. Cet aspect caractéristique des champs
hauranais qui se présentent sous la forme de bandes longues et étroites saute aux yeux à l'époque des labours et
au moment où murissent les céréales.

« La « mawké » seule donne lieu à l'établissement
d'un titre de tapou qui, par le fait même, a un caractère collectif. Les droits individuels des propriétaires sont
constatés par un certificat mentionnant le nombre de
« ribaa » qu'il possède dans le village ; ce certificat est
cessible et transmissible ; on lui accorde la valeur attachée à un titre de tapou.

« La division de la « saham » en « ribaa » extrêmement regrettable en raison des difficultés matérielles

qu'elle oppose à l'exploitation du sol, est rendue plus regrettable encore par l'instabilité qu'elle crèe pour la culture et par la limitation qu'elle apporte à l'exercice du droit de propriété.

« Ce partage est périodique et se fait tous les 4 ou 5 ans dans le Hauran et tous les ans à Khan Cheikhon (caza Maaret en Naaman). En tout cas un cultivateur ne peut jamais compter qu'il détiendra ses « riba » durant une période de temps plus longue que celle qui règle la répartition ; cette période souvent n'est même pas fonction de la durée de l'assolement lequel est généralement biennal. Par suite de cette répartition périodique le propriétaire ne peut, à son gré, exploiter les parcelles de terrain qu'il possède dans telle ou telle « saham » et que d'ailleurs, il ne peut connaître avant que la répartition soit opérée. Il est tenu de lier l'exploitation de son domaine à celle des terres de la collectivité, ce qui implique, avec l'impossibilité de pouvoir réaliser des améliorations foncières, l'obligation de pratiquer l'assolement adopté par tous ».

III. — *Avantages et inconvénients de la petite et de la grande propriété*

Les économistes sont partagés [8] ; certains exaltent la capacité de production et de progrès des grands domaines savamment exploités, tandis que d'autres réservent leur sympathie à la petite propriété paysanne. La question a son importance. En effet, il faut tenir compte autant de l'importance politique et sociale qu'offre cha-

(8) Voir la Politique agraire de Philipovitch, ch. II, p. 73-88 ; également la Réforme agraire dans les pays de l'Europe Centrale par M. René Gonnard. — Cours d'Economie politique par Ch. Gide, T. I, ch. IV ; également Cours d'Economie politique par Henri Truchy, t. II, ch. IV, relatif aux questions agraires. La propriété paysanne par A. Souchon.

cune de ces deux formes de propriété, que de leur répercussion sur la production agricole, sur les autres branches de la vie économique et notamment sur les rapports entre l'agriculture, le commerce et l'industrie.

Les Physiocrates considéraient la grande propriété comme la plus avantageuse de toutes à cause de ses méthodes de production; les socialistes y voient une forme de la concentration des entreprises et des richesses ayant les avantages de la plus grande productivité et de la supériorité technique de la grande industrie. Le grand propriétaire a l'avantage d'être plus intelligent et de disposer de moyens d'exploitation plus puissants; moins routinier, il se rend compte facilement des changements introduits dans la technique agronomique; riche, il peut dépenser des sommes importantes pour les travaux qui ne deviennent rémunérateurs qu'à longue échéance, pour la mise en culture du sol, pour les engrais chimiques, les semences sélectionnées et il peut obtenir, de la sorte, des rendements plus riches et plus certains au point de vue soit de la qualité, soit de la quantité; enfin, instruit des nécessités de la consommation, du commerce et de l'industrie, il peut pratiquer les cultures les plus rémunératrices, connaissant bien l'étendue des besoins et des voies ouvertes à l'écoulement des produits agricoles.

Par contre, Adam Schmith et ses successeurs, notamment Jean-B. Say, ont défendu la petite propriété au nom de la liberté économique et parce que si le rendement net en est peut-être inférieur, son rendement brut est plus élevé que celui de la grande propriété. Les défenseurs de la petite propriété invoquent, à son avantage, plusieurs causes de supériorité : le sol est mieux cultivé par le propriétaire que par des bras étrangers; le petit paysan, assisté de sa famille, dispose de ressources de travail, proportionnellement plus grandes que celles dont peut disposer le grand propriétaire, et peut ainsi exécuter les travaux en temps opportun; il dispose également d'une plus grosse quantité de fumier, eu égard à la petite superficie de sa terre; il choisit une meilleure qualité de semence, précisément parce qu'il le fait lui-même et pour son propre compte. Enfin, le machinisme ne joue pas, actuellement et malgré de récents progrès, un rôle à beaucoup près aussi important en agriculture qu'en industrie, la division du travail non plus. Le soin minutieux des façons données au sol, la connaissance précise que l'exploitant acquiert de toutes les parcelles de sa terre peuvent compenser son infériorité du côté du matériel et des capitaux. Au point de vue politique, une forte classe de petits paysans propriétaires constitue dans le corps national un élément de conservation sociale; elle assure la marche régulière et modérée des événements et fait contrepoids à l'agitation inquiète des villes, qui serait rendue plus dangereuse par la présence d'une foule de grands propriétaires, vivant dans l'oisiveté et fomentant les intrigues.

Après cet exposé doctrinal, envisageons la question au point de vue strictement syrien. Nous nous trouvons en présence d'un régime de propriété latifundiaire et d'une classe de grands propriétaires vivant pour la plupart dans la paresse et l'oisiveté de la ville, ordinairement dénués des connaissances économiques et même de l'instruction générale, s'occupant de politique et cherchant des fonctions dans les cadres administratifs, ne pensant à leurs domaines qu'au moment de la récolte et enfin dépourvus de capital-monnaie. Aussi, sommes-nous obligés de reconnaître que la grande propriété perd dans ces conditions sa supériorité potentielle au point de vue économique. En effet, cette supériorité provient de deux causes principales :

1° Les grands propriétaires sont présumés posséder un capital suffisant pour permettre la culture intensive;

2° Ils sont présumés avoir des connaissances agronomiques développées et des connaissances économiques qui leur permettent d'exploiter avantageusement la terre.

Or, les grands propriétaires syriens ne possèdent pas du capital liquide, ni pour les besoins de leur exploitation agricole, ni même pour leurs besoins personnels. Pour obtenir les fonds nécessaires à cette double destination, ils empruntent à la Banque Agricole de l'Etat moyennant un intérêt de 10 pour cent ou aux banques privées à des taux variant entre 15 et 24 pour cent, ou enfin aux commerçants de céréales contre un intérêt de 24 à 30 pour cent et, en outre, la promesse de leur confier la vente de leurs récoltes prochaines. Ils prêtent, à leur tour, le capital si chèrement obtenu à leurs métayers après l'avoir majoré de tous intérêts, frais, dépens et bénéfices.

Dépourvus de capital liquide, les grands propriétaires sont également dénués de toute instruction économique et agronomique élevée, sauf celle qu'ils partagent avec le vulgaire de leurs paysans. Ceux qui ont fait des études agronomiques supérieures, dans les facultés d'Europe, commencent par solliciter un emploi dans l'Administration; et si en cas d'échec, ils sont réduits à s'occuper de leurs domaines familiaux, c'est pour y appliquer la méthode locale d'exploitation du sol sans prendre l'initiative de rien innover. Les dépenses, que s'impose l'Etat pour la diffusion de l'enseignement agricole, restent sans résultats pratiques. Les ingénieurs agronomes, sortis de son école de Sallimié, demeurent sans emploi et ne peuvent trouver place sur le domaine rural, sous le régime actuel de l'exploitation extensive du sol, alors qu'en raison de leurs connaissances techniques ils devraient être recherchés dans le but d'initier les cultivateurs aux méthodes de l'exploitation intensive et de leur apprendre à retirer de la terre une production plus abondante. Dans ces conditions, il ne faut pas s'étonner que l'emploi des machines agricoles fasse en Syrie des progrès si lents bien que la nature topographique du sol et l'étendue de la propriété se prêtent à cet emploi. La culture faite à l'aide d'un matériel mécanique puissant exige l'emploi d'un capital considérable, soit pour l'achat des machines, soit pour la constitution d'un fonds de roulement, opération que souvent le propriétaire n'est pas disposé d'entreprendre parce qu'il n'en a ni le goût, ni les moyens.

Par contre, les paysans de la Syrie sont profondément attachés au sol qu'ils cultivent; ils en ont la passion et apportent aux travaux des champs des qualités d'énergie et d'endurance qui font honneur à leur caractère. L'agriculture est prospère, la culture est même intensive dans tous les villages de la plaine de Damas où domine le régime de la petite propriété. Le paysan, qui exploite sa propre terre, déploie une ténacité et une continuité de labeur qui rachètent les infériorités techniques de la petite exploitation. De même, la population paysanne, au fond intelligente et désireuse de s'instruire, n'est pas rebelle au progrès technique; elle serait prête à en embrasser tous les procédés pourvu qu'on l'instruise et qu'on lui fournisse les moyens de les adopter (9).

En résumé, le problème de la répartition de la propriété foncière se pose en Syrie dans les termes suivants : Les grands propriétaires, dédaigneux des occupations de la terre, préfèrent traiter les questions politiques de la Chine et de la lune dans l'ombre des bureaux administratifs, où leur vanité se contente de petites fonctions faciles, et ne savent pas engager l'agriculture du pays dans la voie du progrès économique. Les paysans ne peuvent pas remplir cette tâche parce qu'ils n'en possèdent pas les moyens, et que les auraient-ils possédés, ils ne peuvent s'en servir sur un sol qui ne

(9) Il convient de signaler qu'un effort a été tenté dans ce sens. Un petit livre de M. Paul Parmentier, intitulé « Manuel d'Agriculture à l'usage des cultivateurs syriens », a été publié e n1922 dans le but de propager les principales connaissances agricoles.

leur appartient pas. Et comme il n'est pas possible que le sol national reste toujours en friches, au détriment de l'économie générale du pays, une dernière solution s'impose, c'est l'intervention de l'Etat.

Mais puisque l'intervention de l'Etat paraît indispensable; puisqu'il est nécessaire que l'Etat dépense des deniers publics pour doter le pays d'un système de crédit agricole perfectionné et à bon marché, et pour l'initier aux méthodes d'une agriculture savante et plus productive; faut-il que cette intervention ait lieu au profit de la classe possédante actuelle, c'est-à-dire d'une infime minorité ? Ne serait-il pas plus juste et plus conforme à l'intérêt général qu'elle se fasse au profit de la classe paysanne elle-même, c'est-à-dire de la grande majorité du peuple, une fois rendue propriétaire du sol qu'elle cultive ?

A notre avis, la réponse n'est pas douteuse. La classe des grands propriétaires a, par sa carence, justifié sa propre condamnation et la déchéance de ses droits. Elle a exercée pendant longtemps sur le sol une possession dont l'origine et la légitimité sont au moins douteuses; sa gestion a été désastreuse pour la mise en valeur de la terre; il est donc temps *qu'elle restitue leurs droits aux cultivateurs*. Il nous semble qu'on peut discuter les modalités du démembrement des grands domaines, mais on ne peut en contester la légitimité.

Nous étudierons dans un prochain chapitre les modalités de démocratisation de la propriété foncière.

IV. — *Les modes de tenure du sol* [10]

Le propriétaire peut exploiter lui même le sol ou en confier l'exploitation à un tiers moyennant le paiement

(10) Voir la Politique agraire de Philippovitch, p. 88 et suiv. — Cours d'Economie politique de Gide, t. II, p. 205 et suiv. — Cours d'Economie politique de Truchy, p. 132-137. — La Propriété paysanne de M. Auguste Souchon.

d'une rente en argent ou d'une redevance en nature; ceci nous permet de distinguer trois modes de tenure du sol : l'exploitation directe, le fermage et le métayage.

1° L'EXPLOITATION DIRECTE

Lorsque le paysan propriétaire cultive lui-même le sol, avec l'aide de sa famille et parfois d'ouvriers salariés, ou que le grand propriétaire fait valoir son domaine avec une main-d'œuvre salariée, on dit que les deux pratiquent l'exploitation directe de leurs terres. Ce mode mérite qu'on lui accorde la préférence sur les autres. Le lien qui unit l'intérêt du propriétaire à l'exploitation semble assurer un rendement plus élevé au point de vue de l'économie privée et une culture plus intense au point de vue de l'économie générale. En outre, il a l'avantage de réunir, dans les mêmes mains, le capital et le travail et de réaliser le type du producteur autonome lorsqu'il s'agit d'un petit propriétaire cultivant sa terre par ses propres moyens.

Ce mode d'exploitation agricole est peu employé en Syrie, précisément parce que la petite propriété est peu répandue, tandis que les terres domaniales de l'Etat sont exploitées par voie de fermage et celles des particuliers par voie demétayage.

Le régime idéal consiste à étendre le système du faire valoir direct au détriment des deux autres en propageant la petite propriété rurale et en développant la classe des paysans propriétaires.

2° LE BAIL A FERME

Le bail à ferme, autrement dit fermage, est un contrat en vertu duquel le propriétaire cède à l'exploitant, appelé fermier, le droit à l'usage de la terre et des bâtiments agricoles moyennant le paiement d'une rente annuelle, en argent, déterminée d'avance. Parfois le fermier s'engage également à fournir, accessoirement à la rente, certaines prestations en produits ou en services.

Au point de vue juridique, ce contrat est régi par les dispositions des articles 522 à 533 du Méjellé. La loi exige que les parties fixent, outre leurs prestations réciproques et la durée du bail, les cultures que le fermier pourra pratiquer sur le sol loué, ou qu'ils stipulent du moins que celui-ci aura la faculté d'exploiter la terre à son gré (art. 524). L'absence d'une telle prévision est une cause d'annulation du contrat.

Qu'advient-il si le fermier entreprend des constructions ou des plantations sur le domaine loué; s'il y réalise des améliorations foncières ? Il y a lieu de distinguer si ces travaux ont été effectués avec ou sans l'autorisation du propriétaire. Dans le premier cas, le propriétaire est tenu de payer au fermier toutes ses dépenses; dans le second cas, il a la faculté de faire enlever les plantations et constructions ou de les garder pour soi en en payant le prix (art. 531).

Examinons le fermage au point de vue économique. Nous trouvons qu'il est plus conforme aux conceptions modernes que le métayage, à cause de l'indépendance qu'il confère au fermier de diriger son exploitation à son gré et d'en assumer tous les bénéfices et les pertes. Mais ce mode est inférieur à l'exploitation directe du propriétaire. Le fermier n'envisage pas l'intérêt permanent et futur du domaine; il hésite à faire les dépenses d'amélioration, qui ne seront productives qu'à lointaine échéance et dont il risquerait de ne pas recueillir le profit; deplus, à la fin du bail qu'il n'espère pas renouveler, il épuise le sol par une culture intensive et sans vues d'avenir.

Le fermage est assez répandu en Syrie, surtout depuis que la loi du 5 mai 1926 a soumis la gestion des terres domaniales à un système de locations emphytéotiques ou à courte échéance que nous avons exposé dans le précédent titre de cet ouvrage, tandis qu'elles étaient soumises avant cette date au régime du métayage. Souvent ce contrat revêt dans notre pays une forme spéciale où l'on voit tous les inconvénients de la grande propriété. En effet, lorsqu'un fermier loue un vaste domaine, composé d'un ou de plusieurs villages, il n'essaie pas de l'exploiter directement et il y continue la culture par voie de métayage. En réalité, il se substitue purement et simplement au grand propriétaire; la situation des cultivateurs ne peut que souffrir de cette substitution qui les livre à l'exploitation d'un homme désireux de tirer le plus de profit possible d'un domaine auquel aucune perspective d'avenir ne lie ses intérêts.

Cependant, le fermage reste un mode de tenure indispensable; il est le seul moyen de mettre en valeur les terres des incapables et de toutes personnes à qui leurs professions ne permettent pas de pratiquer la culture du sol; il est également le moyen le plus économique d'exploiter les propriétés excessivement éparpillées et les parcelles qui ne peuvent être l'objet d'une entreprise agricole indépendante. C'est pourquoi il est nécessaire que le législateur cherche à lui donner sa forme la plus avantageuse, en s'inspirant du principe d'une collaboration, entre le fermier intéressé à obtenir le plus grand rendement, et le propriétaire représentant de l'intérêt permanent du domaine. Cette collaboration ne doit ressembler nullement au métayage; son effet consiste en ce que le fermier pourra exploiter le sol, de façon à en tirer le plus grand profit possible, tout en lui conservant ses ressources intérieures de fertilité et en l'améliorant. Ce but peut être atteint par la préconisation législative des moyens suivants :

1° Assigner au bail une durée assez longue pour permettre au fermier d'entreprendre l'exploitation d'une manière rationnelle et de dépenser des capitaux importants;

2° Protéger le fermier contre toute élévation arbitraire des fermages et contre l'imposition des charges écrasantes; ce serait une imitation de la législation des loyers de la propriété urbaine.

3° Imposer au propriétaire l'obligation d'indemniser le fermier de toutes dépenses de constructions, plantations et autres améliorations foncières, lorsqu'il sera appelé à en profiter à l'expiration de la durée du bail.

Le législateur syrien a adopté déjà certaines de ces directives, dans la loi précitée sur la gestion du domaine privé de l'Etat. Il serait très utile, à notre avis, d'adopter tous les principes sus-insiqués dans une loi de droit commun applicable à toute la propriété rurale.

3° Le Métayage

Le métayage, appelé également le colonat partiaire, est une forme d'exploitation agricole dans laquelle le propriétaire confie l'exploitation de son domaine à un cultivateur, moyennant une part déterminée des produits, calculée sur la base du rendement brut du sol; c'est le mode de mise en valeur de la plus grande partie du territoire syrien.

Cette matière est l'objet des articles 1431 à 1448 du Méjellé; le législateur en parle dans le livre du Code relatif au contrat de société, dont elle est l'application dans le domaine de l'agriculture; il exige que les parts du propriétaire et du métayer soient fixées en quotes-parts : moitié, tiers, etc., du produit brut de la récolte.

Au point de vue économique, le métayage réalise la coopération du travail et du capital, que les économistes considèrent comme un instrument de paix sociale et essaient d'introduire dans l'entreprise industrielle sous la forme de sociétés à participation ouvrière et des actions du travail. Cependant ce système donne lieu à bien des critiques; il oppose un obstacle au progrès agricole parce que le métayer doit partager avec le propriétaire ce qui, dans l'augmentation du rendement, constitue exclusivement le résultat de ses efforts, et que d'un autre côté, le propriétaire doit aussi partager avec lui l'augmentation du revenu provenant uniquement de ses avances en capital, de sorte que l'amélioration si importante de la culture par le capital et par le travail et, par suite, l'élévation du rendement brut, se trouvent entravées trop facilement. En outre, le colonat partiaire crée des liens de dépendance entre le cultivateur et le propriétaire, liens d'autant plus humiliants et préjudiciables au premier que la classe paysanne est ignorante et pauvre et, par suite, liens inconciliables avec les efforts de relèvement social de la population rurale, auxquels doit tendre la politique du Gouvernement syrien. Aussi, le métayage est souvent le signe d'une condition économique inférieure; il tend à disparaître dans bien des contrées, où il a eu jadis la prédominance et à être remplacé par le faire-valoir direct ou le fermage; il ne doit pas avoir plus d'avenir dans notre pays.

A ses inconvénients ordinaires, le métayage en ajoute d'autres résultant des conditions particulières de l'agriculture syrienne; M. le conseiller agronome Achard les a observés avec perspicacité et nous empruntons à son rapport du 19 décembre 1925 les observations suivantes. « Bien vite, dit-il, ila apparu au propriétaire que, sous un climat à précipitations pluviales irrégulières rendant la récolte aléatoire, le capital employé à la culture courait des risques dont la compensation ne s'opérait pas dans les années de bonne production. Il a cherché à se prémunir contre ces risques, contre les aléas de la récolte et il a trouvé une formule simpliste qu'il a imposée, lui, détenteur de la terre, au fellah qui n'a que le travail de ses bras pour vivre et qui, dans un pays où l'industrie n'existe pas, ne peut se livrer qu'à l'exploitation du sol. Il lui a imposé la responsabilité des avances faites à la culture.

« Quels que soient la forme et le but pour lesquels elles lui sont consenties, semences, prêts pour assurer sa subsistance, effectuer l'acquisition de matériel ou de bêtes de trait, payer la main-d'œuvre nécessaire à l'exécution de certains travaux, le métayer est responsable des avances qu'il reçoit du propriétaire. Sur ces avan-

ces, il paie un intérêt élevé et si, par le fait de circonstances de quelque ordre que ce soit, il ne peut amortir
sa dette au cours de l'année, celle-ci est reportée sur les
années suivantes et les intérêts du solde dû continuent
à courir.

« Où qu'il aille, quelles que soient les modalités du
contrat qui fixera larépartition des charges de l'exploitation et des produits de la culture, le métayer trouvera
toujours à la base de l'accord qui le liera au propriétaire
la responsabilité du remboursement des avances reçues,
quand bien même la récolte viendrait à manquer pour
des causes indépendantes de sa volonté. Il faudrait une
succession d'années de forte production pour que ce
métayer puisse se libérer de sa dette; mais si ces années
de forte production se présentent, le propriétaire, avec
plus delibéralité, consent de nouvelles avances et une
dette flottante s'établit qui, presque jamais, ne peut être
amortie.

« Il est juste, cependant, d'ajouter que le métayer a
la parfaite connaissance que le propriétaire a besoin de
ses bras pour assurer l'exploitation du domaine et qu'il
consentira certains sacrifices pour le conserver sur ses
terres. Aussi, ce métayer, assuré de recevoir en cas de
nécessité de nouvelles avances, limite-t-il son effort au
remboursement de sa dette, sans chercher à améliorer la
production du sol, ni à constituer un pécule qui lui servirait à faire face à ses besoins sans contracter de dette,
soit à acquérir un lopin de terre.

Dans les conditions où se manifeste le métayage qui
donnent au propriétaire toutes garanties que les avances faites à la culture seront remboursées, intérêts et
capital, il ne faut pas s'étonner que le propriétaire ne
fournisse un large capital pour doter le métayer d'un
matériel mécanique puissant, capital dont la production
du sol doit assurer la rémunération et l'amortissement
annuels. En cas de mauvaise récolte, ce capital de roulement peut, en totalité ou en partie, être perdu; l'intérêt
et l'amortissement du capital d'achat peuvent ne pas

être réalisés. Le propriétaire qui fera de l'exploitation directe subira des pertes qu'il ne pourra récupérer au cours des années suivantes. Avec le métayage, rien de semblable, pas de capital d'achat immobilisé, rémunération et amortissement du capital de roulement assurés. »

Pour conclure, il résulte de cet exposé que tous les modes de tenure du sol se chargent de graves inconvénients et deviennent ruineux à la classe paysanne et à la terre, par suite de leur accouplement avec le régime de la grande propriété, cette plaie de l'agriculture syrienne. Aussi la politique du Gouvernement doit-elle s'orienter dans le sens du développement de l'exploitation directe, sous un régime de petite et moyenne propriété qu'il y a lieu de créer.

V. — *Les système de culture* [11]

Les systèmes de culture du sol diffèrent d'un pays à l'autre, à raison du changement des conditions physiques et économiques qui dominent l'exploitation agricole. Les conditions climatériques et géologiques, la répartition de la propriété foncière, la densité de la population, la quantité de la main-d'œuvre rurale, l'étendue des débouchés commerciaux pour la vente des produits agricoles et le genre de leurs besoins sont autant de facteurs qui déterminent le système de mise en valeur du sol. Notamment la quantité des précipitations atmosphériques et les possibilités de l'irrigation artificielle exercent une influence prépondérante sur les modes de culture en Syrie.

L'exploitation agricole a besoin d'une organisation dé-

(1) Voir traité d'Arboriculture, en arabe, par l'Emir Mustapha Chéhabi. — Egalement la Politique agraire de Philippovitch, p. 60 et suiv.·

terminée, au moyen de laquelle, les divers facteurs de la production se complètent mutuellement. C'est le principe qui domine tous les systèmes de culture. On en distingue plusieurs :

1° Système de la pature

Il consiste en ce que le sol est cultivé pendant quelques années comme terre labourable, puis laissé en friche et utilisé, comme pâturage, pendant quelque temps pour être de nouveau défriché et soumis à la culture.

2° Système des trois champs

Dans ce système, le terrain est divisé en trois champs, qui sont alternativement, et pendant un an, l'un en jachère, l'autre cultivé en céréales d'hiver et le troisième en céréales d'été. Parfois le territoire du village est partagé en quatre champs, dont deux restent alors constamment en jachère.

Enfin ce système de champs multiples peut prendre des combinaisons diverses. La terre venant de produire des céréales d'hiver, est pendant l'été, ensemencée en maïs, en pommes de terre et autres tubercules, en légumes. C'est après avoir donné deux récoltes qu'elle est laissée en jachère.

Une autre combinaison, appelée système des produits alternés, consiste à ne jamais ensemencer le même terrain, en céréales, deux fois de suite; on remplace les céréales par des plantes dites produits à feuilles, légumineuses par exemple. Ceci a pour conséquence d'améliorer les qualités physiques du sol. En effet, les plantes à feuilles plongent leurs racines dans une couche profonde de la terre et contribuent à l'ameublir au profit des céréales que l'on doit y cultiver l'année suivante, lesquelles ont pour caractéristique de plonger leurs racines dans une couche moins profonde.

Ces combinaisons ont pour effet de permettre une culture intensive et d'obtenir du sol un plus grand rendement brut et net; elles supposent chez le cultivateur une intelligence développée des principes de l'agriculture, une connaissance suffisante des qualités du sol et des plantes qui lui conviennent; enfin elles exigent l'emploi d'un capital et d'un travail considérables.

3° Système de la libre culture

Dans ce système, on ne tient compte d'aucune succession déterminée de cultures. Prenant en considération la nature et l'exposition du sol, les moyens d'exploitation et les facilités plus ou moins grandes de vendre ses denrées, les besoins de la consommation et les prix du marché, on soumet la terre à la culture d'une ou de plusieurs denrées dont on espère les plus hauts revenus. La libre culture est un système d'exploitation du sol supérieur à tous les autres. Il suppose une connaissance éclairée des questions de l'agriculture, un capital et une main-d'œuvre abondants et un milieu économique évolué; enfin elle ne réussit ordinairement que sur les terres de petite et de moyenne étendue.

Tous ces systèmes sont pratiqués en Syrie selon les régions; souvent, on les voit pratiqués en même temps dans la même région ou dans le même village, à raison de la diversité physique des différentes espèces de terre. Mais la libre culture domine dans la plaine de Damas, par exemple, dans les environs des villes, tandis que le système de pâture est employé dans les plaines de Homs, d'Alep et de Deirezzor.

Les instruments de culture sont rudimentaires; on introduit lentement le matériel mécanique moderne. On cultive les céréales, les légumes, le tabac, le mûrier, la vigne, le coton. Les arbres fruitiers de tout genre prospèrent partout où l'on trouve de l'eau pour irriguer la terre artificiellement et même là où l'atmosphère et le sol conservent suffisamment de l'humidité fraîche pendant la saison d'été et dispensent de l'irrigation artificielle. Lors de l'enquête de 1921, les arbres fruitiers couvraient dans la région de Damas une superficie de 15.710 hectares, dont 1.500 ha. d'oliviers.

Section II

La population

Il est certain que le régime de la propriété rurale influe sur la densité de la population comme celle-ci influe à son tour sur la mise en valeur du sol. Partout où, la propriété des terres étant mal répartie, la grande propriété est dominante, on en observe les ravages démographiques se manifester dans une forte émigration vers les centres industriels ou vers l'étranger. Les latifundia, dit Philippovich [12], sont un obstacle à la colonisation rurale, car, en accaparant les terres des paysans, ils contribuent à la dépopulation et sont contraires aux intérêts économiques du pays. » L'exemple de l'Est de l'Allemagne, de l'Italie du Sud, de l'Irlande prouve l'effet néfaste d'une mauvaise organisation agraire. La répercussion de la grande propriété sur le mouvement de la population trouve une illustration plus tragique en Syrie.

Nous savons que notrepays, tout en servant de grenier de Rome, nourrissait une population de 10 millions, disent certains historiens, de vingt millions, affirment d'autres [13]. Or, cette population est actuellement réduite à moins de trois millions. En voici le tableau pour les Etats sous mandat français :

(12) Voir le livre de Philippovitch, précédemment cité, p. 84.
(13) Voir les histoires précitées du P. Lammens, de Thounin et de Kurdali.

Etat de Syrie	176.300	1.227.000
Liban	10.500	629.000
Alaoutes	6.100	261.000
Djebel Druzze	7.000	51.000
	200.900 km²	2.168.000 habitants

En y ajoutant trois cents mille, chiffre approximatif des tribus nomades, on obtient une proportion de 12 1/5 par kilomètre carré.

La population de l'Etat de Syrie, seul, se composait à la fin de l'année 1928 de la manière suivante (14) :

HOMMES	FEMMES	TOTAL
647.000	645.000	1.292.000

ce qui nous donne une proportion de 7 1/2 par km², et en y additionnant les 300.000 bédouins, une proportion de 9 1/2 par km². Le pays accordait en même temps l'hospitalité à 8.000 étrangers.

Envisageons maintenant le mouvement de la population sédentaire pour laquelle seulement nous possédons une statistique loin d'être parfaite. Les livres d'état civil ont enregistré pour l'année 1928 les indications suivantes :

NAISSANCES	DÉCÈS	ÉMIGRATIONS
41.000	22.000	6.100

ce qui nous donne les proportions calculées à raison de 1.000 habitants :

NAISSANCES	DÉCÈS	ÉMIGRATION	EXCÉDENT
32 0/00	17 0/00	5 0/00	15 0/00

(14) Nous tenons ces renseignemenst du Registre d'Etat Civil du Ministère de l'Intérieur.

Examinons maintenant la composition de la classe paysanne. Nous en fixons le chiffre à 827.000 approximativement et après soustraction de la population urbaine des villes de Damas, Alep, Homs, Hama, Alexandrette. Nous faisons une nouvelle déduction du nombre des enfants jusqu'à l'âge de 13 ans, des vieillards, des artisans des campagnes et des petits commerçants; ce qui réduit la population paysanne active qui s'occupe de la terre à 400.000 ouvriers et ouvrières.

La proportion de la main-d'œuvre rurale à la superficie totale des terres actuellement cultivées, soit 2 millions 626.300 ha., serait de 6 1/2 ha. pour chaque ouvrier ou ouvrière rural.

La population rurale est répartie dans 3.852 villages, ce qui nous donne une nouvelle moyenne de 215 habitants par commune et de 115 ouvriers et ouvrières d'agriculture par commune. Nous entendons par le mot ouvrier, non pas un salarié, mais toute personne, homme ou femme, propriétaire, fermier ou métayer qui fournit ses bras aux travaux de l'exploitation agricole.

De l'examen de ces chiffres, nous retirons les observations suivantes :

1° La nation syrienne est très prolifique;

2° La population reste cependant peu dense, à cause de la forte proportion des décès et du courant de l'émigration, laquelle est le résultat d'une mauvaise répartition de la propriété foncière;

3° La proportion entre la main-d'œuvre rurale et la superficie des terres cultivées témoigne de qualités d'énergie, de travail et d'endurance qui font honneur au caractère du paysan syrien et opposent un démenti formel à la réputation de paresse dont on le calomnie.

Ces observations nous permettent de conclure que pour favoriser en même temps et le développement de la population rurale et la mise en valeur de tout le territoire labourable, il est nécessaire de commencer par supprimer les principales causes de dépopulation provenant de la fâcheuse répartition de la propriété foncière; c'est alors que cette population pourra, en dehors des entraves de toutes sortes, se développer normalement et défricher progressivement des champs nouveaux qui viendront élargir le domaine de l'agriculture nationale.

CHAPITRE II

———

Le statut fiscal de la terre [1]

———

Bien que tous les citoyens soient obligés de contribuer, dans la mesure de leurs moyens, aux dépenses publiques, l'histoire nous montre chez tous les peuples anciens et modernes, certaines classes de la société essayant de se décharger de leur part de contribution à la recette publique et de la mettre à la charge des classes faibles de la nation. Les nobles et les collèges de prêtres étaient exempts des impôts dans l'antiquité et le Moyen Age qui incombaient aux classes laborieuses, paysans, ouvriers, artisans, etc... Par contre, ce sont les prolétaires, les petits paysans et artisans qui, dans les démocraties contemporaines, exercent l'influence de leur nombre sur les assemblées législatives pour imposer aux classes pos-

(1) Nous devons la plupart de ces renseignements à l'obligeance de M. Joubert, le distingué conseiller pour les finances de Syrie.

Voir Traité de Science financière, en arabe, de Mᵉ Farès bey Khouri. — Egalement Histoire de la Syrie de Mohamad Kurd Ali, vol. V, p. 47 et suiv., chapitre relatif à l'impôt et aux modes de perception.

sédantes toutes les contributions aux dépenses de l'Etat.

En Syrie, l'impôt foncier sur la terre a toujours été la principale recette du Budget. Nous avons vu dans la partie historique que les cités étant des corps organisés, s'attiraient les bonnes grâces du prince et bénéficiaient de l'immunité au point de vue fiscal. La propriété urbaine n'était pas soumise à l'impôt foncier et Constantin le Grand a fait remise perpétuelle de l'impôt personnel aux habitants des villes; elle a joui de cette immunité pendant toute la période musulmane et jusqu'à la réforme ottomane de l'an 1255 H. A partir de cette date, elle a été soumise à un impôt de 10 pour mille, appelé virgo, grevant le prix estimé de l'immeuble. En 1326 H, le virgo a été converti en un impôt sur le loyer estimé; le taux en a été fixé à 12 pour cent; les taxes au profit du vilayet et de la municipalité y apportent une majoration de 60 pour cent à l'époque actuelle.

Mais la terre a continué de subir la charge la plus écrasante. Voici la liste des impôts qui ont directement le sol pour assiette, ou qui ayant pour assiette le paysan et son cheptel, incombent en dernier lieu à la terre; c'est en somme un prélèvement sur les revenus agricoles.

1° Le virgo, cet impôt a été créé par les Ottomans après la conquête; le taux fixé d'abord a 4 pour mille, est actuellement de 5 pour mille du prix estimé du sol; la perception en est faite directement par les agents du Trésor.

2° Les mutations au Livre foncier sont soumises aux taxes suivantes payables avant le transfert. La taxe est de 3 % sur les terres amiriés et de 5 % sur les terres memloukés lorsqu'il s'agit d'un transfert ayant pour cause un acte entre vifs. Cette taxe varie entre 1,50 et 10 % selon le degré de parenté des héritiers lorsqu'il s'agit d'une transmission successorale.

3° La dîme; le législateur ottoman a considéré après la conquête que toutes les terres de Syrie sont soumises à la dîme, sans distinction. Fixée d'abord à 10 % du revenu de la terre comme son nom l'indique, la dîme a été successivement élevée jusqu'à 12,5 % du produit brut de la terre. Les céréales, les fruits, les légumes sont soumis à cet impôt.

La perception de la dîme était vexatoire et préjudiciable aux intérêts de l'agriculture; elle se faisait par voie d'affermage à des collecteurs qui, abusant de leur ascendant sur le paysan, parvenaient à prendre 20 % au lieu de 12,5 %. Souvent le collecteur de la dîme était le propriétaire du village qui, additionnant sa part de propriétaire à l'impôt, laissait au métayer la moitié du produit brut de la récolte à peine. Une loi de 1925 a supprimé l'affermage de la dîme; elle en a fixé le montant d'une manière invariable et en prenant pour base la moyenne des quatre années 1921 à 1924.

Il y a lieu de signaler trois exceptions à la règle générale de la dîme :

a) Les terres et les jardins des villes saintes : Damas, Homs, Hama, sont soumis à un impôt foncier unique de 10 pour mille du prix estimé en remplacement et de la dîme et du virgo.

b) Toutes les terres du Hauran paient au lieu de la dîme un impôt forfaitaire de 80.000 livres turques or, appelé « kharadj ».

c) Enfin l'impôt foncier de la région de Deirezzor appelé « Bakara », est calculé selon la quantité d'eau employée par l'irrigation artificielle.

4° L' » Aghnam » est un impôt sur le revenu et le croît du cheptel et des troupeaux de moutons, chèvres, chameaux, etc...; il est de 10 pour cent et a pour justification la règle religieuse de la dîme. D'abord perçu en nature, cet impôt est à présent perçu en argent par les agents du fisc à raison de tant de piastres sur chaque animal. La taxe sur chaque bête est calculée à raison de 10 % de son revenu et de son croît annuel.

5° L'octroi; c'est une taxe municipale perçue sur tous les produits agricoles au moment où ils sont introduits à la ville.

6° L'impôt de voirie « Badal tarik », c'est une taxe payée par tout citoyen mâle à partir de l'âge de 20 ans jusqu'à 60 ans. Il est fixé invariablement à 100 piastres syriennes (20 francs) et destiné aux travaux de la voirie.

Telle est la liste des contributions payées par la classe paysanne sans parler de la foule des contributions indirectes dont elle supporte également sa large part.

Il convient d'observer que la dîme incombe au paysan et non au propriétaire au cas de métayage ou de fermage puisqu'elle est perçue sur le produit brut de la récolte avant tout partage.

Une loi du 23 mars 1927, arrêté M° 339 a fusionné le virgo et la dîme en un impôt unique dit la contribution foncière; elle a supprimé également toutes les particularités accordées à certaines régions. La contribution foncière est un impôt sur le capital ayant pour assiette la cote foncière; le prix de chaque cote estimé au moment où sont effectuées les opérations du cadastre sera soumis à une estimation périodique tous les dix ans. Cette loi entrera en vigueur au fur et à mesure que seront accomplis les travaux de recensement, de délimitation et d'estimation du cadastre. Elle marque un véritable progrès et une ère nouvelle dans la législation fiscale de la Syrie.

Ce qui nous intéresse dans l'étude du statut fiscal de la terre, ce sont sa répercussion et son incidence sur l'agriculture et le régime économique du sol. Le paysan syrien paie des impôts nombreux. Qui en supporte la charge définitive, est-ce lui ou le propriétaire foncier ou le consommateur de la ville ? Cette question est d'une importance capitale puisque la valeur économique d'un système fiscal dépend de la façon dont, en définitive et en fait, se répartit la charge des impôts plutôt que leur répartition légale.

Envisageons d'abord le cas d'un petit propriétaire paysan : il verse chaque année au Trésor le virgo, la dîme, l'aghman, la taxe de voirie, et il paie les droits de mutation en vendant sa terre et la taxe de l'octroi en en portant les produits à la ville ; en est-il le payeur légal uniquement ou en serait-il aussi le payeur définitif ? La réponse à cette question dépend de celle de savoir si le paysan est en état d'ajouter ces impôts au prix de ses produits et d'en rejeter le poids définitivement sur le consommateur. En effet, l'impôt est un des éléments qui entrent en jeu dans la formation du prix. « Les faits de répercussion, dit M. Truchy[2], qui transfèrent l'incidence de l'impôt à d'autres que le payeur ordinaire sont des phénomènes de formation des prix, et cela explique leur complexité, l'impossibilité de ramener l'incidence à des formules simples et certaines ; la lutte pour l'incidence est un aspect de la lutte pour le prix ».

Or, le paysan syrien n'est pas maître de coter les prix de ses produits agricoles à son gré. Un matériel rudimentaire, le taux énorme de ses emprunts, les difficultés du transport, rendent très élevé le coût de production de ses produits agricoles de telles manière qu'il soutient difficilement la concurrence des agriculteurs étrangers. Le Haut-Commissariat, ne peut d'autre part protéger l'agriculture syrienne par de fortes barrières douanières par crainte de provoquer une hausse des prix. C'est ainsi que les syriens voient avec amertume les fruits et légumes en conserve, la farine d'Australie et d'Algérie envahir le marché d'un pays qu'on appelait le grenier de Rome.

(2) Voir Cours d'Economie politique de Truchy, vol. II, p. 288-293.

Ceci dit, nous pouvons donc affirmer que l'agriculture syrienne subit l'incidence et la répercussion économique de tous les impôts payés par le paysan : le virgo, parce que c'est un impôt sur le capital, la dîme et l'aghman, parce qu'ils sont prélevés sur le produit brut du sol, la taxe de voirie, qui a pour assiette sa personne, les droits de mutation, parce que l'acheteur en tient compte dans l'estimation du prix d'achat, la taxe d'octroi, dont il ne peut augmenter le prix de ses produits. Enfin, il ne peut majorer d'une manière générale les prix des produits qu'il livre à la consommation locale ou au commerce extérieur parce que la concurrence étrangère en assigne des limites qu'il ne peut dépasser.

Le statut fiscal actuel impose donc à la terre une charge très lourde dont il est nécessaire que l'Etat diminue le poids par une répartition plus juste des charges fiscales, par rapport aux différentes masses imposables. Les limites du sujet ne nous permettent pas de donner un exposé plus étendu de tout le système suivi par le gouvernement pour se procurer des ressources financières. Mais nous pouvons affirmer, nonobstant des récents progrès, qu'il est basé sur des règles d'une simplicté rudimentaire, loin de réaliser la conception moderne de la justice fiscale. Les notions d'impôt progressif, de l'impôt général sur le revenu y font complètement défaut. Le commerce, l'industrie, les banques, les professions libérales ne paient pas ce qu'ils devraient payer et sont loin de participer aux dépenses de l'Etat dans la mesure de leurs ressources et autant que l'agriculture. Une composition plus savante du budget des recettes soulagerait la classe paysanne, favoriserait l'essor de l'agriculture, augmenterait les ressources de l'Etat, et réaliserait une meilleure justice dans notre régime fiscal.

En ce qui concerne la contribution foncière elle-même, prévue par la loi de 1927, il y a lieu d'adopter l'im-

pôt progressif et non le taux simplement proportionnel.
Il s'agit en effet d'un impôt sur le capital dans lequel
l'adoption d'un taux progressif frapperait la grande propriété et en provoquerait la dislocation. Les grands propriétaires ne pouvant mettre en valeur leurs vastes domaines pour en retirer un revenu proportionnel à l'impôt à cause de l'insuffisance de la main-d'œuvre en ver-
ront baisser le prix et seront obligés de les vendre, tandis que les paysans, pourront profiter de la baisse et
acquérir la propriété des terres dont ils assurent l'exploitation à un autre titre. Ainsi le système fiscal nous
conduira à une meilleure répartition et de la charge des
impôts et de la propriété foncière.

CHAPITRE III

———

Le crédit agricole

———

Le capital argent est peu abondant en Syrie et loin de suffire aux besoins de l'activité commerciale, industrielle et agricole. Une balance du commerce extérieur longtemps défavorable continue à creuser dans le capital monnaie, un abîme que les dépenses des touristes et les sommes considérables envoyées par les émigrés syriens des quatre coins du monde, ne suffisent pas à combler. Cette pénurie d'argent se fait sentir d'une manière plus douloureuse à la campagne, où la situation économique du paysan le rend dépourvu de tout crédit alors qu'il est obligé d'emprunter même pour subvenir à ses besoins de vie quotidienne.

Pour la clarté de l'exposition, nous allons étudier successivement l'usure en agriculture, les lois et institutions de crédit agricole, les diverses sortes de crédit agricole, enfin les moyens de développer le crédit et de doter le paysan des capitaux nécessaires pour améliorer sa situation économique.

Section *I*

L'Usure en agriculture

Le paysan syrien en général, et notamment celui de la région du Hauran, de Homs et de Hama, recourt à l'emprunt pour subvenir aux besoins de son exploitation et de sa vie personnelle. Les prêts qui lui sont consentis, consistent en argent, en céréales, en bestiaux et en marchandises de toutes sortes. On le voit emprunter de l'argent pour payer les impôts, fournir une dot pour son propre mariage ou celui de ses fils, des céréales pour la semaille de ses terres et pour sa consommation personnelle, des bestiaux pour effectuer les travaux de labour et avoir l'engrais nécessaire. Parfois aussi, il emprunte pour acheter un lopin de terre, payer le prix du sang d'une victime et les frais d'un procès, payer aussi des salaires à la main-d'œuvre dont il a besoin aux jours des moissons. Mais toutes lesfois qu'il le fait, il doit payer outre, l'intérêt normal de l'argent emprunté et le prix courant des céréales et des bestiaux achetés à terme, une prime énorme à cause de sa misère et de sa situation précaire. C'est l'usure. Nous n'en pourrions étudier ici toutes les manifestations : usure sur l'argent, usure sur les bestiaux, usure sur les marchandises, usure sur les céréales, ni en exposer les combinaisons et les artifices imaginés par les prêteurs et les marchands de grains, d'étoffes et même de souliers, pour majorer le capital prêté, ou le prix des denrées et des articles fournis, d'une prime dépassant parfois le cent pour cent. Ils y dépensent une habileté déconcertante de telle sorte que les esprits les plus avisés ne savent discerner dans ces combinaisons, entre les éléments d'un acte de commerce légitime et les artifices d'une opération usuraire malgré l'impression qui les obsède de l'existence d'une lésion grave. De même, on ne saurait établir une mesure infaillible pour ces avantages excessifs. Ce n'est que par la considération de toutes les circonstances concrètes d'un cas particulier, que l'on peut dire si l'on est en présence d'une opération accidentelle faite en vue d'un risque considérable, ou si l'on est, au contraire, en présence d'un artifice voulu par rapport à la victime et d'une spéculation dans laquelle on cherche à abuser de sa situation précaire.

Les circonstances qui favorisent la pratique de l'usure au détriment de la population rurale sont diverses.

L'inexpérience du paysan en matière financière, l'éloignement des centres commerciaux, l'insuffisance des institutions de crédit auxquelles il peut s'adresser, l'impossibilité dans laquelle il se trouve de pouvoir profiter de la concurrence des offres de capitaux, les risques que courent les prêts à lui consentis à cause de l'incertitude des revenus agricoles et du faible capital d'exploitation dont il dispose, toutes ces circonstances diverses dépouillent le paysan de tout crédit, lui ferment les portes des banques régulières et le livrent à une classe spéciale de profiteurs, d'ordinaire sans scrupules. C'est ce qui explique que l'exploitation usuraire fait parmi les paysans beaucoup plus de victimes que parmi la population urbaine. On ne peut en décrire tous les ravages. Parfois, les habitants de villages entiers sont dépouillés ainsi de leurs terres et réduits au rôle de simples métayers. Les aires sont le « rendez-vous » général de tous les créanciers. On y a vu souvent, à l'époque de l'affermage de la dîme, des paysans livrer au collecteur son impôt, au propriétaire du sol, sa part de la récolte, distribuer le reste entre leurs créanciers et s'en aller sans emporter, d'une récolte considérable, la provision d'une semaine. Pour se nourrir, s'habiller, cultiver, semer, ils devaient recourir de nouveau à l'emprunt quitte à désinteresser leurs clients à la prochaine récolte, dans les mêmes conditions.

Prélèvement de l'Etat, prélèvement du propriétaire, prélèvement de l'usurier, telle est le régime d'exploitation auquel est soumis le paysan syrien, éternel serf d'une aristocratie cruelle.

Section II

Les lois et les institutions de Crédit agricole

Le législateur ottoman frappé des ravages de l'usure, a jugé nécessaire d'y remédier. La loi religieuse musulmane, interdisant le prêt à intérêt et le mettant hors la loi, était contraire aux nécessités économiques du pays, aussi musulmans et non musulmans inventaient des combinaisons avantageuses qui leur produisaient des intérêts énormes et assuraient la paix à leur conscience inquiète sous les apparences d'un acte légitime : vente, location, etc... Or, il est reconnu que l'usure trouve un terrain plus propice à ses ravages sous un régime d'interdiction que sous un régime de légalité ; ce qui a poussé le législateur à tolérer le prêt à intérêt en en fixant le taux à 12 % et en l'abaissant dans la suite à 9 %. Toute convention fixant un taux supérieur à la limite légale est nulle et l'intérêt peut être réduit au taux légitime. En outre, la pratique continuelle de l'usure constitue un délit puni jusqu'à trois ans d'emprisonnement par le Code pénal. En fait, les bons musulmans continuent toujours d'appliquer les anciens procédés, et préfèrent observer la prohibition religieuse sous les apparences de la légitimité ; tandis, que les non musulmans, pratiquant franchement le prêt à intérêt, ne manquent pas de moyens pour en doubler, tripler et même quadrupler le taux légal.

La banque agricole

C'est une institution officielle qui a été créée en 1889 par le Gouvernement Ottoman pour subvenir aux besoins de l'agriculture, elle a rçu, pour capital d'établissement, le produit d'une majoration de 1 % de la dîme, elle ne pouvait prêter que contre l'inscription hypothécaire sur un immeuble, la conception en était trop étroite, le capital trop restreint et les abus du fonctionnement trop graves pour que l'agriculture en eût pu gagner quelque soulagement.

Lorsque la Syrie a rompu le joug ottoman, la Banque agricole a été annexée provisoirement aux Services du Ministère des Finances, elle en a été séparée en 1924 et reçu un statut perfectionné de la loi du 5 novembre 1925, arrêté N° 485.

En vertu de la loi nouvelle, la Banque agricole est une institution d'Etat, ayant sa personnalité morale et son autonomie financière, elle fonctionne sous le contrôle du Ministère des Finances, son siège est à Damas.

BUT. — Le but de cette institution, défini par l'article 2 de l'arrêté N° 485, consiste à porter secours aux agriculteurs et à développer l'agriculture par les moyens suivants :

1° Prêter des capitaux aux cultivateurs, aux propriétaires du sol et aux entrepreneurs des industries agricoles exclusivement.

2° Au cas de besoin acheter des bestiaux, des semences, des instruments de culture et des engrais pour les revendre au comptant ou à terme aux agriculteurs.

3° Acheter les vastes domaines pour les allotir et les vendre aux particuliers à des prix payables en plusieurs annuités.

Elle peut en même temps accepter des dépôts, ouvrir

des comptes-courants, pratiquer le change des devises moyennant une commission.

ADMINISTRATION. — L'administration de la Banque est confiée à un Conseil composé de cinq membres et présidé par le Ministre des Finances. Le Conseil est à son tour représenté par un administrateur délégué.

La Banque peut avoir des succursales dans les Sandjacs et des bureaux dans les Cazas. Les succursales exécutent toutes les opérations indiquées par l'article 2, dans les limites de leurs circonscriptions, tandis que les bureaux fonctionnent pour le compte des succursales et en leur nom.

CAPITAL. — Le capital de la Banque doit atteindre la somme de 2 millions de livres syriennes (soit 40 millions de francs) à titre de capital réel, et de 100 mille livres syriennes comme fonds de réserve.

Il est composé des éléments suivants : 1° les sommes dues aux succursales syriennes de l'ancienne Banque ottomane.

2° De 4 % du produit annuel de la dîme, jusqu'à ce que le capital réel de 2 millions de livres ait été atteint.

3° Des bénéfices réalisés, de ses emprunts et des sommes qui y seront affectées et prélevées sur l'excédent du budget.

CONDITIONS DU PRÊT. — Les prêts consentis par la Banque à une seule personne ne peuvent dépasser la somme de 1.500 livres syriennes ; ils peuvent atteindre par exception la somme de 5.000 livres au cas où l'emprunteur justifie que les fonds sont destinés à une grande entreprise agricole, tel que dessèchement de marais, travaux d'irrigation, achat de machines, plantations à grande échelle, création d'une industrie agricole. Dans ce cas, le prêt sera accordé par une décision spéciale du Conseil d'administration et son emploi sera effectué sous le contrôle d'un délégué de la Banque.

Les prêts sont remboursables en un nombre d'annuités variant de une à dix au maximum selon la nature de la sûreté qui leur sert de couverture, les annuités peuvent être divisées en échéances semestrielles sur demande de l'emprunteur.

Le taux de l'intérêt arrêté par le Conseil d'administration est fixé actuellement à 10 % ; il est supérieur à l'intérêt légal qui est de 9 %, chose surprenante de la part d'un office d'Etat créé lui-même pour combattre l'usure et favoriser le crédit agricole. Or, dépasser le taux légal cesse-t-il d'être un fait d'usure lorsqu'il est accompli par une banque officielle ?

Enfin, les prêts ne peuvent être obtenus que moyennant une des sûretés spécifiées par l'article 18 de l'arrêté et qui sont les suivantes :

1° Une hypothèque immobilière : dans ce cas, le montant du prêt ne peut dépasser une proportion variant entre 20 et 60 pour cent du prix de l'immeuble selon que c'est une maison, un jardin ou un champ de culture et qu'il s'agit d'un immeuble indépendant ou d'une part indivise, le quart au moins.

2° Une hypothèque immobilière solidaire entre un groupe de propriétaires habitant le même village ; dans ce cas, le maximum de 1.500 ou de 5.000 livres, doit être réduit de 10 pour cent, attendu que des difficultés pourraient résulter de cette combinaison.

3° Une caution personnelle mutuelle des habitants d'un village qui ne peuvent disposer d'une sûreté immobilière, dans ce cas, le prêt consenti ne dépasse pas 500 livres syriennes ; il est payable en une seule annuité fixée à la date de la première récolte suivant la date de l'emprunt

4° Une caution réelle immobilière fournie par une personne autre que l'emprunteur. Ce sont les règles relatives à l'hypothèque immobilière qui s'appliquent en l'espèce sous la condition que la somme prêtée ne dépasse les besoins agricoles de l'emprunteur.

5° Un gage sur des produits agricoles. La Banque peut établir là, où elle le juge nécessaire des entrepôts dans lesquels elle recevra en gage des produits agricoles non susceptibles de destruction rapide ; les prêts consentis dans ces conditions ne pourront dépasser le chiffre de 1.500 livres, où 70 pour cent du prix des produits ; ils seront payables dans un délai qui n'excède pas six mois. Tous les frais occasionnés par la garde et le magasinage des produits, incombent à leur propriétaire. Avancés par la Banque, ils sont inscrits au passif du débiteur en un compte productif d'intérêt.

6° Un gage sur des valeurs mobilières cotées à la Bourse de Paris ou de Londres. Les prêts ne peuvent dans ce cas être accordés pour un délai supérieur à 300 jours, ni dépasser la somme de 1.500 livres ou de 5.000 livres suivant les règles relatives à la garantie hypothécaire. Les valeurs fournies en gage sont admises jusqu'à concurrence de 50 pour cent des cours de la dernière côte publiée.

7° Un gage sur des bijoux et des articles d'or et d'argent. Ces articles seront calculés jusqu'à concurrence de 80 pour cent de leur prix réel, et les prêts ainsi consentis seront remboursables en 3 ans et ne dépasseront pas les maxima admis en cas de garantie hypothécaire.

L'emprunteur peut rembourser les annuités avant l'échéance prévue. Dans ce cas, défalcation sera faite des intérêts pour la durée qui reste jusqu'à l'échéance moins deux mois. Par contre, si le prix du gage tombe plus de 10 pour cent de la valeur estimée et que l'emprunteur refuse de fournir une garantie supplémentaire, toute la créance devient exigible. Le même effet se produit lorsque l'emprunteur s'abstient de payer une annuité échue sans excuse légitime. Dans ces cas, la Banque a droit de réaliser son gage.

Réalisation du gage. — La Banque est dispensée de recourir à la justice; son titre de créance lui sert en même temps de titre exécutoire pour la réalisation du gage. Les modes de réalisation diffèrent selon les espèces de sûretés. Le Bureau foncier, le Bureau exécutif, les agents de la Banque eux-mêmes armés des pouvoirs exécutifs des percepteurs de l'Etat sont désignés par la nature de la sûreté en question pour en effectuer la réalisation sur requête de la Banque et dans les formes prévues par la loi.

La Banque Agricole ainsi réorganisée semble pouvoir apporter un grand soulagement à l'agriculture. Le temps lui manque encore pour mettre son influence en lumière. Il y a lieu cependant d'observer que le capital (2 millions de livres) est insuffisant et nettement inférieur aux besoins actuels; il devrait être porté à dix millions de livres au moins. Le taux de l'intérêt fixé à 10 pour cent est exagéré; il est de 3 pour cent en France. Ausi l'agriculteur n'a aucun intérêt à emprunter pour exécuter des améliorations foncières puisque l'intérêt du capital dépassera certainement le revenu du sol nonobstant toute augmentation éventuelle pouvant résulter de l'amélioration projetée. Enfin le sol demeure le principal instrument de crédit: le paysan syrien ne posède ni des valeurs mobilières, ni des bijoux. Or le sol est en la possession des grands propriétaires qui. lorsqu'ils en usent pour emprunter à la Banque agricole, dépensent le capital ainsi obtenu à tout sauf aux besoins de l'agriculture.

Il est donc nécesaire d'augmenter le capital de la Banque agricole, d'en abaiser le taux d'intérêt, enfin de veiller dans la mesure du posible à ce que les sommes prêtées soient affectées à des destinations relevant du domaine de l'agriculture.

SECTION III

Des principes du Crédit agricole

Il ne faut pas confondre le Crédit agricole avec le Crédit foncier. Les deux peuvent avoir pour base, également, la terre; mais ils restent différents soit par leur but économique, soit par leur caractère juridique, soit enfin par les institutions qui leur servent d'organes [1]. Ce qui caractérise le Crédit agricole, ce n'est pas la base sur laquelle repose la sécurité du créancier, mais son application aux intérêts de l'agriculture. Ces intérêts se divisent en trois groupes dominés par trois buts différents. On emprunte des capitaux pour : acquérir la propriété du sol, pratiquer des améliorations foncières, disposer d'un capital d'exploitation.

Nous avions dit que les institutions et les instruments de crédit doivent nécessairement changer pour permettre la réalisation de chacun de ces buts de la manière la plus économique.

1° CRÉDIT POUR L'ACQUISITION DE LA PROPRIÉTÉ DU SOL

Lorsqu'un individu contracte un emprunt pour en affecter le montant à l'acquisition et aux dépenses de premier établissement d'un domaine, il le fait avec l'intention d'en rembourser le capital et les intérêts au moyen des revenus de son explotiation agricole. Les remboursements du capital comme le paiement des intérêts ne sont possibles que par suite d'une limitation dans la dépense du revenu permettant à l'emprunteur de faire face à ses engagements. Les remboursements ne sont donc possibles

---

(1) Voir Charles Gide : Cours d'Economie politique, t. I, p. 506, également Eugen von Philippovitch : la Politique agraire, traduction française de Bouissy, ch. V, p. 272. — La propriété paysanne de A. Souchon. — eL Crédit agricole de Gedde.

que lorsqu'ils sont échelonnés sur un grand nombre d'annuités comprenant de petites fractions du capital et de l'intérêt. Aussi l'opération n'est-elle avantageuse pour l'acquéreur du domaine que si son revenu est suffisant pour couvrir le paiement des intérêts et l'amortissement annuel d'une certaine portion du capital tout en laissant une marge suffisante pour assurer la subsistance du propriétaire. Les fluctuations du revenu influent beaucoup sur le poids des obligations de l'emprunteur et les rendent plus lourdes ou plus légères selon que le rendement net de l'exploitation évalué en argent augmente ou diminue. C'est pourquoi il est nécessaire que l'emprunt puisse être résilié de la part du débiteur, désireux de profiter d'une augmentation de ses revenus dans les années de bonne récolte, pour éteindre sa dette définitivement. On appelle ordinairement Crédit foncier ce genre de prêts à long délai.

Des banques spéciales connues sous le nom de Sociétés de Crédit foncier ont été créées pour répondre à ce besoin. Jouant le rôle d'intermédiaires entre les propriétaires et les capitalistes, elles prêtent aux premiers ce qu'elles avaient emprunté aux seconds et procurent ainsi des avantages importants aux deux parties. Les capitalistes reçoivent en représentation de leur créance des titres d'une solidité parfaite cotés et négociables à la Bourse; ce qui leur permet de récupérer leur argent à tout moment et les pousse à accepter un intérêt modéré. De leur côté, les emprunteurs y trouvent l'avantage d'un emprunt à longue échéance, à intérêt modéré et remboursable d'une manière presque insensible par voie d'annuités dont le nombre peut atteindre le chiffre de soixante-quinze. Le Crédit foncier de France est un modèle achevé de ce genre d'établissements. I l prête pour de longues périodes allant jusqu'à 75 ans à intérêt peu élevé et avec faculté de résiliation pour l'emprunteur. Pour un emprunt amortissable en 50 ans, l'annuité, capital et intérêt réunis, y est de 5,34 pour cent.

2° Crédit pour les améliorations foncières

On désigne ordinairement sous ce nom les emprunts affectés à des améliorations du sol ou de la culture, à des travaux d'irrigation ou de drainage, au défrichement des terres mortes, au reboisement et à la plantation d'arbres fruitiers. Ce crédit a pour but une augmentation du revenu qui ne peut se produire que progressivement et à longue durée. C'est pourquoi il est nécessaire que l'emprunt contracté pour cette destination puisse être amorti par annuités multiples au moyen de l'augmentation réalisée du revenu. Cette opération ne sera, d'ailleurs, avantageuse que dans la mesure où l'élévation du rendement annuel de l'exploitation agricole dépassera le montant de l'annuité.

La Banque agricole actuelle de Syrie est susceptible de répondre à ce besoin de crédit par la durée et les modalités d'amortissement de ses prêts, les annuités pouvant varier jusqu'à dix. Seulement le taux d'intérêt 10 pour cent étant supérieur à toute augmentation possible du revenu, rend les améliorations foncières plus ruineuses qu'avantageuses pour l'exploitant de la terre.

3° Crédit pour les besoins d'exploitation

On appelle ainsi le crédit qui tend à procurer à l'agriculteur les ressources nécessaires pour parer aux frais d'exploitation et pour en assurer le continuité. Il englobe également le capital courant nécessaire au fonctionnement de l'entreprise agricole et qu'on désigne dans l'industrie sous le nom de fonds de roulement (salaires, semences, fourrages, engrais, impôts, frais de ménage), ainsi que les fonds nécessaires pour l'achat du matériel : machines, outils, animaux de travail. Ces dépenses ordinaires de l'exploitation doivent être effectuées pour la plupart chaque année ; aussi est-il nécessaire que les emprunts qui y sont destinés soient, dans l'état normal de la production, économisés et remboursés sur le revenu d'une seule année ou, du moins, de quelques années s'il s'agit du matériel. Ce crédit est très avantageux pour favoriser l'intensification de l'exploitation en même temps que le prix de revient du rendement agricole; il a naturellement des limites imposées par l'opportunité économique et provenant surtout de l'étendue des besoins du marché et de l'incertitude des récoltes.

Ce genre de crédit suppose des institutions particulières capables de servir aux agriculteurs des avances de petites sommes à intérêt peu élevé et remboursables à bref délai. Le Crédit foncier et la Banque agricole sont des organismes très importants et dont les formalités sont trop longues et trop coûteuses pour être avantageuses lorsqu'il s'agit de ces petits emprunts que le paysan sollicite ordinairement lorsqu'il est pressé par le besoin de payer des salaires, des impôts ou d'acheter des semences, c'est-à-dire à un moment où il est obligé d'accepter tous les sacrifices pour avoir de l'argent.

Le crédit d'exploitation a trouvé en France et surtout en Allemagne un organe idéal sous la forme des sociétés coopératives de crédit. Elles se composent de petits propriétaires ou simplement de petits agriculteurs qui se réunissent et se solidarisent pour obtenir par l'association le crédit qu'ils ne pourraient obtenir isolément et disposer ainsi de capitaux à bon marché dont les associés peuvent puiser dans la mesure de leurs besoins. Ces coopératives présentent généralement les caractères suivants:

1° Les associés n'apportent aucune mise pour constituer un capital social;

2° Ils ne touchent aucun dividende, les bénéfices devant constituer un fonds indivisible qui permettra un jour de prêter sans intérêt;

3° Ils sont solidairement responsables sur tous leurs biens ;

4° Toutes les fonctions sont gratuites sauf celle du caissier ;

5° Les prêts ne sont consentis que lorsqu'ils sont destinés à un emploi agricole.

Ces coopératives ont pu se former suivant des types divers où les caractères sus-indiqués sont plus ou moins accentués : les types Raiffeisen, Sculze-Delitszch et Haas en Allemagne, le type Durand en France. On en compte actuellement six mille sociétés en France, cinq mille en Allemagne. Elles se sont propagées en Hongrie, Roumanie, Pologne, Russie, Yougoslavie, où elles travaillent à sauver l'agriculture du fléau de l'usure.

Une autre institution française est également efficace. C'est l'établissement des Magasins généraux et des warrants agricoles basé sur l'idée de gage fictif, l'emprunteur n'étant pas obligé de remettre au créancier l'objet du gage mais de le déposer tout simplement dans le Magasin général.

Section IV

La réforme du Crédit agricole

Nous avons vu parmi tant de maux que l'agriculture syrienne est rongée par l'usure et mise en échec par la concurrence de l'agriculture étrangère fortement protégée et dotée de grands capitaux.

La Banque agricole établie sur des bases nouvelles depuis l'année 1925 correspond à ce que nous avons appelé le crédit d'amélioration ; mais elle ne répondra complètement à ce besoin que lorsqu'elle sera pourvue d'un capital plus abondant et qu'elle abaissera le taux d'intérêt jusqu'à 5 pour cent au moins.

Par contre, le Crédit foncier manque toujours d'organisme dans notre pays. Sa création est pourtant nécessaire pour faciliter aux paysans l'accès à la propriété du sol et permettre ainsi le développement de la petite propriété; elle peut être le résultat de l'initiative de l'Etat ou des capitalistes.

Il en est de même pour le crédit d'exploitation; mais ici il faut que l'Etat prenne l'initiative pour promulguer les lois sur les coopératives qui nous manquent toujours et établir ainsi les cadres dans lesquels l'initiative individuelle pourra s'exercer. Mais la contribution de l'Etat à la création de ce genre de crédit consiste également dans un appui matériel et moral; il faudra qu'il imite la politique du gouvernement français pour mettre à la disposition des futures coopératives une partie des fonds déposés sans intérêt dans la Caisse de la Banque de Syrie et du Liban.

CHAPITRE IV

—

La réforme agraire [1]

—

Nous avons traité dans un précédent chapitre de la
carence des grands propriétaires et des inconvénients qui
résultent de leurs vastes domaines incultes pour l'Economie générale du pays. On nous accusera peut-être de ten-
dances socialistes, ce dont nous ne nous défendons pas,
parce que la socialisation de la terre n'est pas à créer en
Syrie; elle y existe de toute antiquité. En effet, l'étude de
l'histoire et du statut juridique de la terre nous a dé-
montré que, depuis Hammourabi et à travers toutes les
conquêtes, le sol de notre pays a toujours été considéré
comme la propriété de l'Etat. En vertu de la législation
en vigueur, les individus exercent sur le sol une possession conditionnelle, basée sur le travail et la mise en valeur agricole, droit précaire, en réalité, puisqu'il s'éteint
par le non-usage injustifié pendant trois années. Notre
conception de la propriété de la terre, basée sur le travail

(1) Voir Cours d'Economie politique par Gède, vol. II, p. 245 et
suiv. — Cours d'Economie politique par Truchy, vol. II, p. 430,
457. — La réforme agraire dans les pays de l'Europe Centrale
par René Gonnard. — Le Rapport précité de M. Achard.

et l'utilité sociale est donc plus conforme à l'intérêt public, plus fidèle aux principes de la science économique que la conception romaine adoptée par les législations européennes. Elle procède d'une inspiration socialiste.

Les propriétaires des grands domaines n'en sont que les possesseurs; ils n'en sont que les locataires d'après la doctrine et la jurisprudence qui assignent le contrat de location comme étant l'origine et le point de départ du droit de possession. Le fermage ne serait donc qu'une sous-location. Le grand domaine est l'objet de deux contrats. Une location entre l'Etat et le possesseur et une sous-location entre ce dernier et le fermier ou le métayer. Ce possesseur qui sous-loue la terre est donc une personne inutile qui, profitant de l'ignorance et de la faiblesse du paysan s'est interposé entre l'Etat et lui et s'est adjugé, sur son travail, un prélèvement indû. Régime étrange où des milliers de prolétaires cultivent le sol d'un pays possédé par quelque dizaines de familles sous le régime d'un socialisme légal!

Notre problème agraire ne consiste donc pas à socialiser la terre, mais à en modifier la répartition conformément aux principes socialistes qui la régissent. En outre, les données du problème ne sont pas les mêmes chez nous et dans les pays où la terre rurale est soumise à la propriété individuelle : Angleterre, Pologne, Serbie, etc., puisqu'il s'agit, de notre part, de régler une question de possession et non de propriété. C'est une nuance, nous objectera-t-on. Oui, mais une nuance dont l'importance, comme principe, est dominante au point de vue juridique puisqu'elle a pour effet de permettre la solution du problème sans expropriation préalable et sans paiement d'indemnité.

Outre le démembrement des grands domaines de l'Etat et des particuliers, notre problème agraire exige également l'individualisation de la possession collective et le partage des terres possédées indivisément.

I. — *Individualisation de la propriété collective Partage des terres indivisées*

Dans ces deux cas, il s'agit de partager définitivement les quote-parts des individus possesseurs du sol et de mettre fin soit aux inconvénients des partages périodiques, soit à ceux de l'indivision. Une occasion exceptionnelle permet à l'heure actuelle d'accomplir cette réforme ; il suffit d'en confier les soins aux Commissions de recensement et de délimitation de la propriété immobilière et de rendre obligatoire le partage des terres collectives et indivises au fur et à msure qu'elles seront soumises aux travaux de recensement. Et comme, d'autre part, les frais de cette opération incombent en partie aux propriétaires, l'Etat pourra accomplir cette réforme sans imposer une lourde charge financière au Trésor.

II. — *Démembrement du domaine de l'Etat*

Cette opération aura pour effet de doter les exploitants des terres domaniales du droit de possession « Tassarouf » sur les parcelles soumises à leur activité. La loi du 5 mai 1926, arrêté N° 275, sur la gestion et l'aliénation du domaine privé immobilier de l'Etat a posé les règles pour ce démembrement en décidant le lotissement et la vente des terres domaniales à la classe paysanne dans le but de constituer la petite et la moyenne propriété rurale. Le territoire de 50 villages a été déjà vendu à ses occupants en vertu de cette loi dont il convient de favoriser et d'activer l'application par le développement du Crédit agricole qui permettra à des paysans sans capital d'avoir les moyens nécessaires pour l'acquisition et la mise en valeur du sol.

III. — *Démembrement des grands domaines des particuliers*

C'est ici que la réforme se heurte aux obstacles de toute sorte. Quelque contestable que soit la légitimité d'acquisition de ces grands domaines il est certain que le « Tassarouf » est une valeur dans le patrimoine des possesseurs actuels dont ils ne se laisseront pas exproprier sans résistance. De plus, en envisageant le problème, non sous l'angle des principes, mais au point de vue de l'opportunité et de la possibilité pratique, nous constatons que les familles qui détiennent le pouvoir à l'heure actuelle, étant celles qui possèdent le sol, elles ne prendront jamais l'initiative d'une telle expropriation, tandis que les classes laborieuses de la nation sont encore loin de conquérir le pouvoir pour imposer une telle mesure. La Puissance mandataire ne recourra pas non plus à ce procédé par crainte de voir se dresser contre elle la classe des grands propriétaires dont l'influence, encore puissante, ne peut être mise en échec par une force contraire de la classe paysanne. « Ces difficultés, dit M. le Conseiller Achard, paraissent ne pouvoir être vaincues qu'avec du temps et de l'argent ».

Mais si l'argent est le seul moyen pratique faut-il le laisser à l'initiative des particuliers, c'est-à-dire permettre aux possesseurs d'imposer leurs conditions aux acquéreurs? N'est-il pas nécessaire que l'Etat procède par voie d'autorité en décidant l'expropriation contre paiement d'une indemnité fixée par les experts comme dans tous les cas d'expropriation pour cause d'utilité publique. A notre avis, le second procédé est plus juste et permettra de concilier l'intérêt des parties avec l'intérêt général.

Voilà enfin la solution proposée par M. le Conseiller Achard, dans son rapport précité du 19 décembre 1925 présenté au Haut-Commissariat :

« Pour résoudre le problème agraire, y est-il dit, il semble qu'un moyen pratique serait le suivant :

Les Etats syriens possèdent des réserves financières, on pourrait prélever sur ces réserves la somme nécessaire pour exécuter le cadastre d'une région — un caza, par exemple — judicieusement choisie d'après l'étendue de la grande propriété qu'elle renferme. Concurremment avec l'exécution du cadastre, qui serait naturellement accompagnée de la délimitation de la propriété, serait faite la revision de la valeur de cette propriété, revision dont la périodicité est prévue par la législation ottomane.

Ces deux opérations auraient pour résultat un accroissement du rendement de l'impôt foncier — virgo —: le cadastre, en faisant ressortir la superficie exacte de terrain assujettie au paiement de cet impôt; l'estimation de la valeur de la propriété en déterminant la valeur actuelle du sol sur laquelle il doit porter. De plus, l'exécution du cadastre ferait vraisemblablement apparaître des superficies de terrain indûment détenues que l'Etat récupèrerait.

La plus-value de l'impôt foncier ainsi obtenue serait d'abord employée à amortir les dépenses d'exécution du cadastre — dans la mesure où elles incombent à l'Etat — et d'estimation de la propriété, de façon à reconstituer la somme primitivement prélevée sur les réserves financières et à la rendre disponible pour une nouvelle série d'opérations de cadastre et d'estimation.

Cet amortissement réalisé, la plus-value de l'impôt foncier serait affectée à la garantie d'un emprunt qui serait utilisé d'abord pour l'installation de la petite propriété sur les terres mortes, sur les terres tombées en déshérence, sur les terres indûment détenues qui auraient été récupérées, sur les terres domaniales. Puis, lorsque toutes ces terres auraient été occupées — ce qui prendra du temps — il serait procédé à l'acquisition de la grande propriété, à son démembrement, à sa transformation en petits domaines au moyen de ressources provenant, si nécessaire, d'un emprunt garanti par les revenus fiscaux des terres mises en valeur d'après le processus précédemment indiqué.

La réalisation d'un programme dressé sur cette base ne pourra nécessairemnet se faire qu'avec le temps; mais ainsi conçue elle aurait l'avantage de se poursuivre sans charge pour l'Etat, sans jeter la défiance dans la classe des grands propriétaires, ni provoquer de leur part une opposition qui, étant donné l'influence qu'ils exercent sur la masse de la population, pourrait avoir de regrettables répercussions politiques; elle nous donnerait le temps de gagner la confiance de cette masse, de déclancher son évolution morale et de relever son niveau social ».

Le rapport, auquel nous avons emprunté ce passage, comme celui des Services fonciers du Haut-Commissariat daté de 1921, a été adopté comme base de la réforme agraire. La loi du 5 décembre 1926 sur l'aliénation des terres domaniales, en a été la première application faite dans l'ordre préconisé par M. le Conseiller Achard.

Mais pour développer l'agriculture syrienne il ne suffit pas de modifier le régime fiscal, de créer le Crédit agricole et de démocratiser la répartition de la terre en en confiant la possession aux paysans chargés de la mettre en valeur. La construction de barrages, de canaux, d'aqueducs pour favoriser l'irrigation artificielle, la sédentarisation des bédouins pour développer la main-d'œuvre rurale et diminuer l'agitation turbulente des tribus nomades et leurs agressions contre les villages paisibles, l'introduction des machines agricoles et des cultures nouvelles pour accroître le rendement du sol et les revenus du cultivateur, l'élevage et la sélection des races animales et végétales, le reboisement, la plantation d'arbres fruitiers, le dessèchement des marais, l'établissement des industries agricoles, autant de questions que nous regrettons ne pouvoir traiter dans les cadres de cet ouvrage, sollicitent l'action de l'Etat et l'initiative des individus.

La réforme de la répartition foncière est déjà déclanchée. L'Etat va essayer de démocratiser la terre. Faut-il souhaiter qu'il démembre tous les grands domaines ou ne vaudra-t-il pas mieux préférer la variété à l'uniformité et maintenir un petit nombre de vastes domaines où des possesseurs riches, intelligents et instruits pourront employer des machines, pratiquer une culture savante, introduire en un mot le progrès agricole et faire de leurs exploitations des modèles perfectionnés et proposés à l'immitation de la masse des paysans. Ces possesseurs pourraient ainsi collaborer à l'œuvre instructive de l'Etat?

Il convient d'observer que nous n'avons aucun parti pris contre les grands propriétaires. Si nous en avons parlé parfois avec rudesse et trouvé juste leur expropriation, c'est parce que nous avons voulu respecter la vérité dans un travail scientifique et que nous nous sommes inspiré de la pensée saine du législateur qui veut marier la terre au travail et en accorder la possession à celui qui la met en valeur. Or le possesseur d'un grand domaine, qui emploie sa science et son capital pour en assurer l'exploitation dans les conditions les plus favorables à l'Economie générale du pays, remplit **les vœux du législateur et mérite d'être maintenu dans sa possession.**

Espérons que notre réforme agraire soit poursuivie avec méthode et perspicacité, s'achève sans secousse et facilite le progrès de notre agriculture et la prospérité de notre économie nationale.

Bibliographie

Abou Youssof. — L'Impôt foncier « Kitab al Kharadj »,
II° siècle H.

Baladhôri. — Conquête des pays « Fotouh Al Boldân»,
III° siècle H.

Cheikh Mohammad Oakidi. — Conquêtes de l'Islam, III° siècle H.

Ibn Assaker. — Histoire de la Syrie, « Tarikh Al Shaam »,
V° siècle H.

Ibn Khaldoun. — L'Introduction à l'Histoire, « Moukada-
mat af taouarikh », V° siècle H.

—   Recueil des dispositions des Sultans, « Ahkâm Sul-
taniat, VI° siècle H.

Mgr Joseph Debs. — Histoire de la Syrie, IX° siècle C.

Georges Zeidan. — Histoire de la civilisation musulmane,
édition 1922.

L'Emir Abdel Aziz Hosni. — Histoire économique de la Syrie, édition 1924

Mohammed Kurd Ali. — Histoire de la Syrie, « Khoutat Af
Shaam », édition 1927.

Cheikh Abib Taquieddine Hosni. — Recueil des Histoires
de Dannas, édition 1928.

G. Maspéro. — Histoire anc. des peuples de l'Orient classique.

Le P. H. Lammens. — La Syrie, édition 1920.

—   Etudes sur le règne du Calife Moawia I, édition
1920.

Cl. Huart. — Histoire des Arabes.

J. Tabet. — La Syrie, édition 1924.

Le P. H. Lammens. — L'Islam, Croyances et Institution, édition 1922.

David et Yanoski. — Syrie ancienne et moderne.

G. Lebon. — Les premières civilisations.

— La Civilisation des Arabes.

Oppert et Messant. — Documents juridiques sur l'Assyrie et la Chaldée.

De Laveleye. — La propriété et ses formes primitives.

Revillout. — La propriété en Droit égyptien et chaldéen.

Viollet. — Du caractère collectif des premières propriétés.

Le P. Scheil. — Institutions d'Hamourabie.

P. Guiraud. — Etudes économiques sur l'Antiquité.

F. de Coulanges. — La Cité Antique.

— Recherches sur quelques problèmes d'histoire.

Bouché-Leclerc. — Institutions séleucides.

M. Camille Eddé. — La Civilisation méditerranéenne et le Droit en Syrie, 1921.

R. Thoumin. — Histoire de Syrie, édition 1927.

— L'Asie occidentale. Géographie politique et humaine, édition 1928.

Diehl. — Byzance. Grandeur et décadence.

— Justinien et la Civilisation byzantine.

— Histoire de l'Empire byzantin.

J. Macquardt. — Organisation financière chez les Romains.

G. May. — Cours de droit romain, édition 1922.

Giraud. — Cours de Droit romain, édition 1926.

Esmein. — Histoire du Droit français, édition 1922.

G. Grousset. — Histoire de l'Asie.

G. Demouleynes. — La Syrie à l'époque des Mamelouks, édition 1925.

Sélim Baaz. — Commentaire du Méjellé, édition 1307 H. —

Ali Haidar. — Commentaire du Méjellé, édition 1311 H.

Chaker Hambali. — Le Statut des terre, édition 1928 C.

Joseph Chaoui. — Le Régime foncier en Syrie, édition 1928.

Padel et Steag. — De la législation foncière ottomane, édition 1904.

N. Chiha. — Traité de législation immobilière en Droit ottoman, édition 1906.

St. Séfériadès. — Le Régime immobilier en Turquie, édition 1913.

Ali Haidar. — Nouveau commentaire du Code de la Propriété foncière, édition 1311 H.

Cheikh Sléman Joukhadar. — Commentaire de la loi foncière, édition 1919 C.

Rapport général sur les études foncières effectuées en Syrie et au Liban. (publié en 1921 par les Services fonciers du H. Com.).

L'Emir Mustapha Chéhabi. — Science de l'agriculture moderne, édition 1922.

— Traité d'arboriculture, édition 1922.

— Histoire de l'agriculture dans les pays arabes, édition 1928.

— Nos principales maladies économiques, édition 1928.

Pharès bey Khouri. — Traité de science financière, édition 1924.

Hamdi bey Nasser. — Rapport sur les travaux du Ministère des Finances de 1920 à 1928, édition 1928.

Choueri Cardahi. — La Possession en Droit ottoman, édition 1926.

— L'Accès des étrangers à la Propriété foncière dans les pays sous mandat français du Proche Orient, édition 1928.

Engen von Philippovich. — La politique agraire, édition 1904.

R. Gonnard. — La réforme agraire dans les pays de l'Europe Centrale, édition 1921.

H. Truchy. — Cours d'économie politique, édition 1921.

Ch. Gide. — Cours d'économie politique, édition 1925.

P. Gemahluig. — Statistiques choisies et annotées, édition 1926.

A. Souchon. — La propriété paysanne.

Parmentier. — Manuel d'agriculture à l'usage des Syriens, édition 1921.

L. de Brun. — L'évolution du Droit musulman dans ses rapports avec le problème des terres, édition 1922.

R. de Gontaut-Biron. — Sur les routes de Syrie, après neuf ans de mandat, édition 1928.

Travaux et propositions du Congrès général agraire réuni à Damas, le 20 mai 1928.

TABLE DES MATIÈRES

Introduction IX

PREMIÈRE PARTIE. — L'Evolution histortque . 1
Chapitre I. — La période antique 3
Chapitre II. — La période gréco-romaine.. 23
Chapitre III. — La période arabe......... 41
Chapitre IV. — La période ottomane 67
Chapitre V. — La période du Mandat français 83

DEUXIÈME PARTIE. — Le Régime présent de
    le Terre 87

Titre I. — Les terres et les droits réels..... 89
Chapitre I. — Les terres 89
Chapitre II. — Les droits réels immobiliers 107
Chapitre III. — Questions communes aux
    terres et aux droits réels 139

Titre II. — Acquisition-transmission et extin-
    ction des droits réels.............. 151
Chapitre I. — Modes d'acquisition 152
Chapitre II. — Modes de transmission 163
Chapitre III. — Extinction des droits réels 169
Chapitre IV. — Modes de constatation et de
    conservation des droits réels 175

TROISIÈME PARTIE. — Le Régime économique
de la terre...........................   185
Chapitre I. — La terre et la population...   187
Chapitre II. — Le statut fiscal de la terre.   219
Chapitre III. — Le Crédit agricole........   227
Chapitre IV. — La réforme agraire.......   243

Bibliographie   251

Rose Frères et Rieu, 42, Quai Gailleton. - Lyon.

www.ingramcontent.com/pod-product-compliance
Lightning Source LLC
LaVergne TN
LVHW051006200726
843508LV00001B/166